Shout

Jessica Brando

IO CANTO DA SOLA

MONDADORI

I versi delle canzoni riportati alle pagine 7, 40, 82, 83, 84, 85 e 89 sono tratti da:

IL COLORE DEL CUORE
Testo: Ermal Meta
Musica: Ermal Meta, Emanuele Diana, Berardino Rubini, Giovanni Colatorti
© 2010 EMI Music Publishing Italia Srl

POSSO FARCELA (Go The Distance)
Musiche di Alan Menken – Parole di David Zippel – Versione Italiana di Alex Baroni
Editori originali : © 1997 Wonderland Music Company Inc e Walt Disney Music Company
Sub Editore per l'Italia : Café Concerto Italia S.r.l. – Via Revere, 9 – 20123 Milano
Tutti i diritti sono riservati a termini di legge. All rights reserved.
International copyright secured.

DOVE NON CI SONO ORE
Testo e Musica: Valeria Rossi
© 2010 EMI Music Publishing Italia Srl / Tre Parole di Valeria Rossi

© 2010 Arnoldo Mondadori Editore S.p.A., Milano
Prima edizione giugno 2010
Stampato presso Mondadori Printing S.p.A.
Stabilimento N.S.M., Cles (TN)
Printed in Italy
ISBN 978-88-04-60170-8

A mia nonna Anna

"Tra quelle stelle leggo che il mio destino, a te vicino,
ha scelto noi. Ed ora siamo qui, per sempre in due così..."
The Nightmare Before Christmas

*A tutti i bambini in cura all'ospedale Gaslini di Genova
e in particolare ai medici e infermieri del reparto
di Cardiochirurgia e Cardiologia.*

"Se puoi sognarlo, puoi farlo."
Walt Disney

"Jessica ha una sensibilità interpretativa già matura. La sua voce ha un timbro da malinconia di fine estate.... raro da trovare in una cantante così giovane! A tratti mi sembra Chris Martin dei Coldplay al femminile."

(**Ermal Meta**, cantante e leader del gruppo *La Fame di Camilla*)

Io canto da sola

Il colore del cuore

Ascolto il suono del vento che
Soffia forte
Voglio restare ancora qui
Seduta su un temporale
Gioco con i fulmini
Pioggia e ricordi
Di spazi e limiti

Di che colore è il tuo cuore
In quale angolo ti troverò
Seduto lì
A disegnare parole
Che non pronunci mai
Lascia che le protegga qui

Come un proiettile lento viene
Verso me
Il tempo che non ti chiede
Mai nessun perché

Di che colore è il tuo amore
In quale angolo ti troverò
Nascosto lì
Facendo finta di niente
Come se niente potesse
Cambiare quel che senti

Guarda in alto il sole
Non chiudere il tuo cuore
Se cerchi la tua luce adesso
Non devi più scavare

Di che colore è il tuo cuore
In quale angolo ti troverò
Seduto lì
A disegnare parole
Che non pronunci mai
Lascia che le protegga io

Di che colore è il tuo amore
In quale angolo ti troverò
Nascosto lì
Facendo finta di niente
Come se niente potesse
Cambiare quel che senti

Guarda in alto il sole
Non chiudere il tuo cuore
Se cerchi la tua luce adesso
Non devi più scavare
Guarda in alto il sole
Non chiudere il tuo cuore
Se cerchi il vento in fronte adesso
Non devi più tremare

Guarda in alto il sole

Guarda in alto il sole

Time Is Running Out
Muse

Il mio oroscopo dice che andrà tutto bene. 0_0

Sagittario
Con tutta l'energia e la lucidità mentale di cui disponi
le tue attività professionali possono andare incontro
solo a svolte positive.
Non startene con le mani in mano ad attendere gli eventi,
datti da fare per mettere in moto la mente,
per realizzare e raggiungere obiettivi ambiziosi.

Devo solo stare tranquilla, fare un bel respiro e mantenere la concentrazione. Guardare negli occhi Umberto (il direttore d'orchestra) e, al suo via, partire. L'ho cantata un milione di volte, è la mia canzone. Non devo avere paura, perché andrà tutto bene.
Non-devo-avere-paura.
E anche se non vinco non importa, arrivare fino a qui è già molto più di quanto avessi mai osato immaginare. Di solito il Festival di Sanremo lo guardo alla

televisione con la mamma e la nonna, a casa nostra a Grosseto e invece stasera siamo qui all'Ariston. Non fra il pubblico, ma nel mio camerino. Mio nel senso che fuori, sulla porta, c'è scritto il mio nome: Jessica Brando.
    Ma che ore saranno? Fra poco tocca a me. Sono la prima di tutti i giovani a cantare, la prima e la più piccola di tutti, come sempre. Sono tra "le più giovani in tutta la storia del Festival di Sanremo". Insieme ad Anna Tatangelo, che quando ha partecipato, nel 2002, aveva solo quindici anni. Anche io ho quindici anni, e proprio per questa ragione, "per legge" devo esibirmi assolutamente prima di mezzanotte, altrimenti il microfono si trasforma in una zucca e io mi ritrovo a casa mia in felpa, jeans e senza trucco!
    Ahahahaha, povera Cenerentola!

Mi guardo allo specchio e di una cosa sono certa: vestita così dimostro almeno diciotto anni, no? Di solito sono sempre in jeans, felpa e Adidas, ma stasera mi hanno truccata e pettinata come si deve e questo vestito verde D&G è stupendo. Mi fa sembrare più grande. E chi se ne frega se quelli della EMI mi volevano a tutti i costi con quello rosa corto e svolazzante e con le scarpe fucsia col tacco, perché «è un look più adatto a una ragazza della tua età». Io dal primo momento avevo scelto questo perché il verde è il mio colore portafortuna, e poi è un abito lungo e morbidissimo e dentro ci sto bene. Anche per cantare è perfetto perché posso prendere dei bei respiri profondi. Poi adoro questi stivali e i tacchi non li voglio. Non li uso mai e non inizierò certo stasera. 0_0

Cosa fanno gli altri cantanti a Sanremo prima di essere chiamati sul palco? Non ne ho idea, ma è proprio quello che vorrei sapere in questo momento. Magari esistono rituali portafortuna, cose da dire, riti scaramantici. Io, mi chiudo in bagno. E faccio partire la playlist delle grandi occasioni, dieci canzoni da ascoltare rigorosamente in questo ordine: *A Song For You* (Michael Bublé), *I'm a Fool to Want You* (Billie Holiday), *Rhapsody in Blue* (Gershwin), *For Me Formidable* (Charles Aznavour), *Follow Throught* (Gavin De Grew), *Is It Scary?* (Michael Jackson), *I Should Care* (Frank Sinatra), *Mad About The Boy* (Dinah Washington), *I Don't Want to Miss a Thing* (Aerosmith) e *Time Is Running Out* (Muse), la mia preferita. Adoro i Muse. Comincio a cantare a voce bassa, così scaldo la voce.

Ok, Jess, stai calma. Ti chiamano e tu usi il solito trucco segreto: fai un bel respiro, ti concentri e pensi che stai facendo solamente delle prove. Ok? E poi ti dimentichi tutto: l'orchestra, il pubblico, le telecamere, la gente a casa che ti guarda. Ci sei solo tu e canti da sola. È facile e, lo sai, funziona sempre.

Il backstage del teatro è un insieme di cavi e gente che urla e corre da tutte le parti. E tantissimi televisori: ovunque mi giri vedo il festival e a volte mi dimentico perfino di essere qui. Ho freddo e anche un po' fame. Eppure ho mangiato, ma ormai chissà quante ore sono passate. Vorrei una bella fetta di pane e nutella, ma non posso. L'ho promesso.

— Niente Nutella e formaggio — mi ha detto Enrico tre giorni fa. — Fanno male alle corde vocali.
— Non puoi farmi questo — gli ho risposto io, anche se ero già rassegnata.
— In questi giorni solo miele, chili di miele... promesso?
— Promesso, promesso.

E poi mi bruciano gli occhi... maledette lenti a contatto, ora vado lì e come minimo comincio a lacrimare... certo che se aspettano ancora un po' a chiamarmi mi vado a fare un pisolino... no perché quando guardi Sanremo da casa non lo sai cosa succede dietro le quinte ma qui ci sono ore e ore di tempi morti, centinaia di minuti in cui l'unica cosa che devi fare è aspettare, però senza stancarti, senza perdere la concentrazione, senza farti prendere dal panico, quando uno vorrebbe solo uscire, cantare e vedere cosa succede.
Odio le attese, qualunque tipo di attesa.
Odio aspettare l'autobus, gli amici che si presentano in ritardo, un messaggio che non arriva mai, il mio turno per l'interrogazione... Ma questa volta è decisamente peggio del solito.
Non ho l'orologio ma deve mancare davvero pochis-

simo ormai. "Dai, Antonella" penso, osservando il volto della presentatrice in uno dei tanti televisori. "È facile... devi solo dire: *Signore e signori, Jessica Brando...*"

Intanto mi avvicino al backstage. Sono a pochi passi dal palco, sento il pubblico e lo spettacolo che va avanti e comincio a rendermi conto di cosa mi aspetta. E poi quando mi chiamano sono già qui e devo fare solo pochi passi. Mi fischiano le orecchie dall'emozione. Oddio i capelli, saranno ancora in ordine? Vado a darmi un'altra occhiatina allo specchio, non si sa mai.

Che ore saranno? Perché non mi chiamano? Alzo il volume della musica sul mio iPod e, per la centomilionesima volta, mi immagino la scena. Vedo chiaramente il volto di Antonella Clerici che sorride, attende la fine di un applauso e poi lentamente comincia ad annunciare la mia entrata.

— È giovanissima. Ha quindici anni e viene da Grosseto. Canta *Dove non ci sono ore*, signore e signori... Jessicaaaaaa Brando!!!

Poi, nella mia immaginazione, la scena continua con tutti i possibili incidenti di percorso, seguiti da altrettante notizie sui giornali:

1) Io svengo. Arriva l'ambulanza e mi portano all'ospedale di Sanremo.

"Jessica Brando, la prima cantante nella storia che va a Sanremo ma non canta."

2) Si apre la porta, le telecamere mi inquadrano, inciampo e volo per terra...
"Piccolo incidente ieri sera per Jessica Brando. Ma si rifarà, ne siamo certi, magari l'anno prossimo..."

3) Il microfono non funziona e sembro muta.
"Problemi tecnici a Sanremo. Jessica Brando lascia il palcoscenico in lacrime."

4) Perdo improvvisamente la voce e non mi esce una parola e la gente comincia a fischiare.
"La nuova stella della musica italiana delude il suo pubblico. Non si sa se la canzone sia bella o no perché la giovane cantante non ha voce..."

5) Mi dimentico le parole della mia canzone e ne canto un'altra.
"Non ci sarà un'altra opportunità per la giovane cantante di Grosseto che, stupendo tutto il pubblico, si è dimenticata il brano che doveva cantare..."

Sì, sì, lo so. Potrebbe andare anche tutto bene. Penso alla nonna e alle sue parole: — Tesoro, non avere paura — mi ha detto. — Sono loro che devono avere paura di te.
Ma si sa, la nonna non è molto obiettiva...
E allora mi concentro e passo al piano B, quello delle vere emergenze. Si tratta di un metodo infallibile, sperimentato più e più volte negli anni: cerco

di pensare sempre al peggio perché in questo modo sono sicura al 100% che andrà meglio di come mi ero immaginata.

A volte solo un po' meglio, a volte molto molto meglio. E comunque MAI peggio. Di solito funziona. E funzionerà anche stasera. Incrociamo le dita.

Someone to Watch over Me
Frank Sinatra

*Jessica ha fatto il test "A che fata somigli?"
Il risultato è: Io sono una fata dell'aria.*

Grazie alla forza creativa dell'aria, queste fate sono molto attratte dalle persone creative e spesso regalano loro una magia chiamata ispirazione.
Sono creature bellissime, note anche come le spose del vento, molto simili alle ninfe. Almeno quattro volte l'anno si scatenavano in danze sfrenate, muovendo l'aria così tanto da scatenare uragani e tempeste e acchiappando per i capelli chiunque non sia così bravo da scappare in tempo.

Ultimamente tutti mi fanno la stessa domanda e io non so mai cosa rispondere. XD
Anche se ormai mi sono abituata e le interviste quasi mi divertono, all'inizio avevo paura di non capire le domande o di non sapere la risposta giusta e comunque di sbagliare e dire cose che era meglio non dire. Per fortuna con me ci sono sempre Myriam e mamma. Mam-

ma è mamma XD, Myriam fa parte dell'Ufficio Stampa della EMI, è la persona che si occupa di mettere in contatto i giornali, le televisioni e le radio con la sottoscritta... wow!

Ormai mi conosce e l'altro giorno stavamo per incontrare dei giornalisti e deve essersi accorta che c'era qualcosa che non andava. Io faccio sempre la stessa espressione quando sono nervosa, come se fossi molto concentrata, ma in verità significa che sono un po' agitata o preoccupata.

— Jessica, non ti preoccupare — mi ha detto. — Vedrai che piano piano ti abitui e ogni giorno sarai più sicura di te.

Io devo averla guardata ancora più agitata e preoccupata...

— E poi ti dico un segreto — ha continuato lei. — Ti chiederanno tutti le stesse cose... che effetto ti fa essere la più giovane a Sanremo, quanto sei emozionata, cosa dicono i tuoi amici...

— Sì, ma io ho paura di dire qualche sciocchezza — l'ho interrotta e lei ha sorriso.

— Non ti devi preoccupare. Ricordati però che un domandone sopra tutti ti perseguiterà per un bel po' di tempo...

— Sarebbe?

— Come hai fatto ad arrivare fino a qui?

Già, come ho fatto? Io davvero non so come ho fatto ad arrivare "fino a qui". Immagino sia stato un insieme di coincidenze fortunate, volontà e determinazione. Ma poi fino a qui dove? Da fuori la mia vita può sembrare strana, ma le cose per me sono sempre successe in maniera abbastanza naturale.

Prima di tutto il resto, per me viene la musica. È una specie di malattia di famiglia che ci tramandiamo di generazione in generazione per via femminile: mia nonna Anna l'ha trasmessa a mia madre Francesca e lei a me.

Le storie di casa nostra narrano che da giovane la nonna avesse una voce bellissima e che quando era sola in casa e nessuno la sentiva, si mettesse a cantare a squarciagola in terrazza per ore e ore. Conoscendola, credo proprio che sia vero e devo dire che anche se non è più una ragazzina, ha ancora una bella voce ed è molto intonata... chissà, forse ho preso un po' anche da lei. :)

Ama la lirica ma anche la musica leggera e i suoi cantanti preferiti sono Andrea Bocelli, Massimo Ranieri, Renato Zero, Adriano Celentano, Lucio Battisti e... i Queen!

È una nonna moderna o, come dico io, una nonna "super fashion"! Mi segue sempre.

— Sei la nuova Whitney Houston — mi dice.

Ma si sa che i parenti è sempre meglio non ascoltarli perché, con tutta la buona volontà, non sono mai attendibili e lei a volte, come in questo caso, le spara proprio grosse! 0_0

La mamma invece è diversa: è scaramantica (anche più di me) e di solito non si spreca in grandi complimenti.

— Tanto andrà male come sempre — dice lei, e ride.

Oppure, se è in buona, il più grande incoraggiamento che può uscire dalla sua bocca è: — Stai tranquilla.

Io lo so che lo fa per me, ha paura che mi illuda, che smetta di studiare, in altre parole è terrorizzata dal fatto che mi monti la testa. Non fa altro che ripetermi all'infinito la solita frase: — Jessica, devi studiare. Questa è solo una fase della tua vita ma può finire da un momento all'altro quando meno te lo aspetti. Il successo è come un marinaio, oggi c'è, domani ti svegli e se n'è già andato.

La verità è che forse la situazione è sfuggita un po' di mano anche a lei. E comunque se siamo arrivate a Sanremo è tutta colpa sua! XD

Mia mamma è musica-dipendente da quando aveva la mia età. Era fissata con qualunque tipo di genere musicale: pop, soul, lirica, classica, ma il suo vero, unico grande amore è da sempre – e per sempre sarà ;) – il jazz. Persino il suo cane, un pastore tedesco morto molto prima che nascessi, si chiamava Jazz!

Non so se mi spiego.

Nonna, mamma e io viviamo insieme a Grosseto, una città nel cuore della Maremma e a pochi chilometri dal mare. Non è molto grande e forse anche per questo la amo. Conosco tutti, mi sento a mio agio e ogni volta che vado via non vedo l'ora di tornarci. E poi non potrei mai vivere senza la mia scuola e i miei amici. Ecco, a differenza di quello che uno potrebbe pensare, sono timidissima e molto riservata e prima di fare amicizia mi ci vuole un po' di tempo. Su Facebook ho migliaia di amicizie ma nella vita vera è diverso.

Per la precisione, ho un migliore amico e altri quattro o cinque inseparabili compagni di avventure con cui riesco a essere sempre me stessa senza dover fingere né trasformarmi in qualcosa che non sono. Non parliamo quasi mai delle mie esperienze musicali e loro che mi conoscono non mi fanno troppe domande. Insieme andiamo al cinema, guardiamo video su YouTube, studiamo in biblioteca e parliamo di tutto – ma proprio di tutto! :)

Poi loro vanno alle feste e io... io un po' meno, perché non sono proprio una che ama le situazioni affollate e di solito mi metto in un angolo e guardo gli altri che ballano. È sempre per via della mia tragicissima timidezza, che ci devo fare... Ma sto bene nel mio angolino, per me non c'è niente di meglio che starmene in disparte nel mio mondo.

Qui a Grosseto c'è la mia casa, dove vivo con mamma e nonna. E anche se siamo tre donne, da noi la vera regina della casa è la musica. Ascoltiamo di tutto ma soprattutto la musica nera anni Quaranta: Ella Fitzgerald e Frank Sinatra, Etta James e Dinah Washington... Ormai conosco a memoria tutti i film musicali interpretati da Liza Minnelli, Fred e Ginger, Rita Hayworth e, naturalmente, Marlon Brando.

Ecco, a proposito di lui.

Mia mamma ama Marlon Brando.

Lo ama per davvero, forse anche più del jazz. E l'ori-

gine del mio nuovo nome sta proprio qui. Quando è stato il momento di trovarmi un nome d'arte (Vitelli non piaceva a nessuno!) mi ha guardato negli occhi come colta da un'illuminazione.
— Jessica Brando? — mi ha chiesto.
— Scusa?
— Ti piacerebbe chiamarti Jessica Brando? Anche se non ho sposato Marlon Brando, mi piacerebbe avere una figlia con il suo cognome.
Certo che mi andava. Chi non vorrebbe avere come padre l'attore più affascinante e sexy di tutta la storia del cinema? E poi Jessica Brando secondo me suona bene, mi piace un sacco. Quindi adesso, forse è il caso di fermarsi un attimo e ricominciare da capo:
— Piacere, mi presento, sono Jessica Brando.

This Is It
Michael Jackson

Jessica ha fatto il quiz "Qual è la tua età interiore?"
Il risultato è: Hai già quarant'anni.

Contrariamente a quanto si potrebbe credere, non sei una vecchia babbiona, anzi! Hai solo la fortuna di far parte di coloro che hanno raggiunto, anche se giovanissimi, l'età della consapevolezza. Mentre gli altri si arrabattano a inseguire falsi sogni, cercano di trovare la felicità nelle cose, negli oggetti, nell'effimero o nell'eccentrico, tu sai bene dove sta la verità perché hai imparato, probabilmente a tue spese, quali sono le cose veramente importanti.

È tutta colpa di Liza Minnelli e della sua *New York, New York*.

Mentre le altre bambine della mia età giocavano con le bambole, io passavo interi pomeriggi a guardare tutti i musical possibili e immaginabili, i balletti classici e, in generale, i film nuovi e vecchi in cui ci fossero delle canzoni da imparare. Le ripetevo e le canticchiavo fino allo sfinimento finché un giorno a tre anni e mezzo, dopo aver visto il film *New York, New York*, di punto in bianco mi sono messa a cantare la colonna sonora con la mia vocina in un inglese tutto mio inventato sul momento. Non ho fatto in tempo ad aprire bocca che tutti i presenti, mamma compresa, si sono messi a dire: «Ma che voce che ha la nostra Jessica, è proprio brava la nostra Jessica» e a sparare tutte le solite cose che si inventano i parenti quando si autoconvincono di avere un fenomeno in famiglia. :)

Ma vi devo confessare una cosa, che potrebbe sembrare un po' strana, specie se detta da una persona che ama cantare: a me la mia voce non è mai piaciuta un granché. Perché è troppo bassa, un po' maschile e con un'estensione vocale profonda. Ho molti bassi e pochi alti. Ecco, tutte queste cose non le sapevo certo a tre anni e mezzo... Però poi ho capito:

Sono un contralto ma vorrei essere un soprano.

Tradotto in parole povere, significa che non riesco a fare gli acuti, che infatti sono il mio incubo.

E poi c'è un'altra cosa: non ho sempre voluto fare la cantante. Da piccola piccola sognavo di essere una suora (!!!) per via di tutte quelle collanine e quegli anellini a rosario con le croci (di cui peraltro a casa ho una splendida collezione!). Per fortuna ho cambiato idea e per un lungo periodo ho pensato che sarei diventata una famosissima ballerina di tip tap: Fred e Ginger mi avevano folgorato e non pensavo ad altro.

Comunque, per ora, vado a scuola (frequento il liceo classico), sogno di andare a studiare in America e di fare il ricercatore scientifico. E magari lo diventerò per davvero.

Sono nata con la passione per la musica e anche se ho solo quindici anni fino ad ora l'ho coltivata in tutti i modi possibili: studiando danza classica, hip hop, moderna, jazz, tip tap, prendendo lezioni di canto, di tamburo indiano, flauto e pianoforte. La mia vita è la musica in generale. Che per me vuol dire che mi piace ballare, cantare, suonare ma anche semplicemente piantarmi le cuffie nelle orecchie a tutto volume e non pensare a niente per ore.

È un po' difficile da spiegare, perché qui da noi o sei un ballerino o un cantante o un musicista o un attore e se fai tutte le cose insieme nessuno ti prende sul serio. Ma in America per esempio è tutto diverso.

Ve la immaginate Madonna immobile aggrappata al suo microfono?

O Michael Jackson nel video di *Thriller* che passeggia per le strade di una città invece che dimenarsi come un dio?

Impossibile, vero? Ecco, a me piacerebbe nel corso della mia vita diventare prima o poi un'artista musicale a trecentosessanta gradi, si dice così? Una che sa stare sul palcoscenico e che riesce a trasmettere al pubblico emozioni e sensazioni forti e intense. Perché per me tra danza e canto non c'è nessuna differenza, sono solo due strade diverse per arrivare allo stesso obiettivo: dimostrare l'amore per la musica, per il ritmo, per il suono e per la melodia della vita.

Questo vorrei riuscire a fare prima o poi, ballare e cantare, ma quel giorno è ancora lontano. Perché per ora ogni volta che ci provo mi inchiodo e sono un disastro totale! Sarà colpa della mia solita stramaledetta timidezza? Ce la devo fare e un giorno, prima o poi, ce la farò!

My Way
Frank Sinatra

La prima volta che ho cantato davanti a un pubblico non me la dimenticherò mai, anche se ero talmente piccola che i ricordi si mischiano alle mie sensazioni di bambina. Avevo cinque anni e mezzo e la mamma aveva saputo che a settembre, come ogni anno durante la festa di Santa Lucia, la parrocchia avrebbe organizzato una gara canora per bambini nel nostro quartiere (il mitico Barbanella!).

E mi aveva iscritta.

Avrei cantato *Insieme*, una canzone di Mina che piaceva molto a tutte e due, ma siccome non avevo ancora imparato a leggere, la mamma mi aveva aiutato a impararla a memoria.

Dopo le prove in una delle sale della chiesa, mi ero ritrovata su un palco all'aperto in mezzo al verde con tante sedie per il pubblico, formato per lo più dai genitori e i parenti dei bambini in gara e poi da quelli di passaggio alla festa di Santa Lucia, molto rinomata qui a Grosseto perché c'è la musica e si mangia bene!

Eravamo quindici partecipanti in tutto e per l'occasione la mamma mi aveva fatto mettere i miei vestiti preferiti: un completino azzurro chiaro (il mio colore preferito), pantaloni con camicetta smanicata e un bel paio di Fornarina bianche. Mi ero fatta anche un tatuaggio rosso a forma di delfino strasbrilluccicoso sui capelli e un altro trovato nelle patatine intorno al braccio (rappresentava un bracciale di fiori neri...). Insomma... mi sentivo in tutto e per tutto una vera ROCKSTAR!

A presentare la manifestazione era Argia, un personaggio tipico di Grosseto, una signora vestita da vecchina maremmana che parla in toscanaccio e fa morir dal ridere.

Contro ogni aspettativa (almeno da parte della sottoscritta, che anche in quell'occasione era la più piccola), arrivo prima!

Argia non aveva risparmiato i commenti.

— Fammi vedere cos'hai sotto la camicetta! — mi aveva detto dopo che mi ero esibita. — Non ci sarà mica un registratore?

Alla fine vinsi la gara. E così anche l'anno dopo con *New York, New York* e quello successivo con *I Will Always Love You* e quello dopo ancora con *Di sole e d'azzurro*.

Nel frattempo la mamma mi aveva iscritto al Centro Musicale Moderno (CMM, la scuola di musica di Grosseto) ed è stato proprio qui, nella classe di laboratorio musicale, che è nata la mitica Little Big Band, un vero e proprio gruppo pop, una band di bambini.

MY WAY - FRANK SINATRA

E io, naturalmente, ero la cantante! :)

In quel periodo mi sono divertita un sacco: ci chiamavano a suonare per le feste di paese e anche in giro per altre città della Toscana. Facevamo a modo nostro tutte le cover anni Ottanta tipo Gloria Gaynor e i Cugini di Campagna e poi *Grease*. Ogni volta ci travestivamo e mi sembrava di essere in un film.

È stato proprio allora che sono entrata per la prima volta in uno studio di registrazione.

Mamma aveva deciso di fare questo esperimento.

— Perché non proviamo a fare un CD? — mi aveva chiesto un giorno. — Così poi ci serve anche per le prossime gare.

E mi ricordo chiaramente quale fu il mio primo pensiero in quel momento e cosa dissi.

— Sì! Potrebbe essere anche un bel regalo di Natale da fare agli zii!

Il giorno in cui finalmente ci ritrovammo a incidere il nostro disco, eravamo tutti emozionati. Tra le tante cose che mi colpirono quel giorno, ci furono anche le cuffie. Erano più grandi di me! Mi coprivano mezza testa. Ci divertimmo tantissimo e il risultato fu un vero CD, con dentro delle vere canzoni: *The Voice Within* di Christina Aguilera, *Gocce di memoria* di Giorgia, *Cabaret* di Louis Armstrong, *Ce la farò* di Alex Baroni, *I Will Always Love You* di Dolly Parton, anche se tutti la ricordano nella versione di Whitney Houston e, infine, naturalmente, *New York, New York* cantata da Frank Sinatra.

Dopo due anni decidemmo di farne un altro, ma

questa volta un po' più jazz: fra i brani c'erano *At Last* di Etta James, *Summertime* di George Gershwin e *The Greatest Love of All* di Whitney Houston.

Nel frattempo continuavo a prendere lezioni di musica, danza e pianoforte. Secondo la mamma ero brava ma dovevo cominciare a conoscere il mondo fuori da Grosseto e dalla Toscana.

— Se non ti confronti con gli altri, non saprai mai se vali veramente.

E così partecipai alle selezioni di "Bravo bravissimo", il programma condotto da Mike Bongiorno, e dello "Zecchino d'Oro", lo storico programma che (ma questo lo scoprii solo molto dopo) nell'idea del presentatore che lo creò, avrebbe dovuto essere una sorta di Sanremo per bambini.

E come andò?

Fu un fiasco totale.

— Ci dispiace, sua figlia ha una voce troppo da grande — dissero a mia madre. — Ma quanti anni ha detto che ha?

— Ha otto anni. È una bambina.

— Ma sì, certo, è brava, ma la sua voce è troppo lirica. E troppo adulta.

Spesso nella vita succedono cose che ci fanno arrabbiare o di cui, sul momento, non comprendiamo le ragioni. Io avevo otto anni e per la prima volta qualcuno mi diceva che sì, ero brava, ma non andavo bene. E forse è stata una fortuna che le cose siano andate così.

MY WAY - FRANK SINATRA

Se mi avessero preso, la mia vita sarebbe stata diversa e forse non sarei arrivata fin qui.

Quel giorno, ad esempio, ancora non sapevo che da lì a pochi mesi tutto sarebbe cambiato e che Roma sarebbe diventata la mia seconda casa, almeno per un po'.

Let's Face the Music and Dance
Fred & Ginger

"Io prego per lei… anche perché se lo merita."
Kledi Kadiu, 19 febbraio 2010, ore 20.30

La prima volta che sono stata a Roma avevo nove anni. Era una bellissima giornata di sole e anche se era settembre faceva molto caldo. Qualcuno aveva detto alla mamma che erano aperte le selezioni per entrare all'accademia di Kledi a Roma, così lei e la zia avevano deciso di portare me e Veronica, mia cugina, a fare i provini. Kledi allora era già famoso perché aveva partecipato a molte trasmissioni fra cui "Buona Domenica" e "Amici" e anche noi l'avevamo visto mille volte in televisione.

Io e Veronica eravamo emozionatissime all'idea di fare un vero provino. Così prendemmo il treno la mattina prestissimo con la mamma, mia zia Luana e la nonna.

Avrei fatto questa stessa tratta tutte le settimane per tre anni, ma in quel momento non potevo nemmeno immaginarlo.

La Kledi Academy, che adesso è la Kledy Dance, era vicino all'Appia Antica, la storica strada romana che collegava Roma a Brindisi, e solo quando arrivammo lì la mamma capì che potevano partecipare ai provini solo i ragazzi dagli undici anni in su.

Veronica ne aveva dodici, ma io soltanto nove.

— Ormai siamo qui — aveva concluso mia madre dopo alcuni ripensamenti. — Non ha senso tornare a casa.

E così decidemmo di dire una bugia "a fin di bene" e di farmi partecipare lo stesso.

Sul modulo di iscrizione scrivemmo che avevo... undici anni. *_*

La mamma lo consegnò a una signorina con totale naturalezza. Quindi mi guardò e sorrise.

C'erano un miliardo di ragazzine accompagnate dai genitori, non avevo mai visto così tante persone tutte insieme prima di quel giorno, ognuno con il proprio numero attaccato sulla maglietta.

Il mio era il 723.

A un certo punto mi ritrovai con Veronica in una stanza. Di fronte a noi c'erano quelli della "giuria". Mi guardavano con una faccia strana e subito temetti che avessero scoperto il mio trucco.

La prima a cantare fu mia cugina. Poi toccò a me. Lei portava *I Will Always Love You*.

Io: *New York, New York*.

— Come ti chiami? — mi chiese il presidente della giuria.

— Jessica.
— Quanti anni hai?
— Undici.

Odio dire le bugie, lo faccio solo se è veramente indispensabile. E in questo caso evidentemente lo era.

Fu strano però. E non solo perché avevo detto una bugia, anche se autorizzata da mia mamma. Quel giorno capii una cosa: sono sempre stata la più piccola di tutti ma forse fu quella la prima volta in cui me ne resi conto.

— Cosa ci porti? — continuò il presidente della giuria.
— *New York, New York* — dissi io candidamente.

Mi guardarono con aria stupita. Probabilmente si aspettavano qualche canzone moderna, o comunque qualcosa di più adatto a una bambina.

— Liza Minnelli? — mi chiesero, quasi in coro.

Sì, Liza Minnelli. Che c'è di strano? Avrei voluto chiederglielo, ma mi trattenni. Avevo troppa paura.

Dopo pochi secondi partì la base e, finalmente, cominciai a cantare.

Io non me ne accorgo, e non me ne accorsi nemmeno quella volta, ma ho capito che la mia voce quando uno la sente la prima volta fa sempre un effetto strano. Non perché io sia un fenomeno o che altro! Il fatto è che tutti si aspettano una vocina da bambina, mentre io invece ho sempre avuto una voce calda, bassa e un po' maschile.

Quando smisi di cantare, gli sguardi dei membri della commissione erano perplessi. Anche se diversi tra loro. Il senso lo avrei scoperto tempo dopo. C'era chi stava pensando: "Questa bambina non ha undici anni, guarda com'è piccola." E qualcun altro: "Questa bambina non ha undici anni, hai sentito che voce?"

— Chi è la mamma di Jessica?
Ce ne stavamo andando quando una voce proveniente dalla sala nella quale mi ero esibita ci fece fermare. Mia madre si girò verso l'assistente di Kledi.
— Sono io, perché?
— Sua figlia ha fatto un'ottima prova ed è molto brava — disse l'assistente. — Vorremmo che entrasse nella nostra accademia.
Non potevo credere alle mie orecchie e guardavo mia madre, curiosa di sentire la sua risposta. Cosa avrebbe fatto adesso? Non avrei più potuto fingere di avere undici anni!
— Grazie, essere qui oggi per noi è già un bellissimo risultato, ma farla entrare in accademia... no, non è proprio possibile.
L'assistente strabuzzò gli occhi. Questa volta era lui a non poter credere alle proprie orecchie.
— Prego? Ho capito bene?
Mia mamma mi guardò e poi si decise a dare la spiegazione completa.
— Jessica in realtà ha solo nove anni... e non è ancora abbastanza grande per frequentare la vostra scuola. Volevo che vivesse una giornata speciale. Siamo già molto felici così. Veramente. Arrivederci.
Io non sapevo più se ero contenta o delusa, a quel

punto. Avevo passato le selezioni, ma non potevo entrare nella scuola.

— Aspetti! — esclamò l'assistente quando ci eravamo già avviate verso l'uscita. — Per l'età possiamo fare un'eccezione.

Io e mia mamma ci fermammo.

— Un'eccezione? — chiese lei.

— Sì, aspettate ad andare via.

Si vedeva che mia mamma era indecisa. Io invece, non sapevo proprio più cosa pensare.

— Grazie — disse infine. — Ma siamo di Grosseto. E mia figlia va a scuola. E poi non possiamo permetterci di pagare i corsi, i viaggi e l'albergo e poi... sono cinque ore di treno tra andata e ritorno...

Mamma aveva ragione e io non me la presi. Non importa, pensai, in fondo era andata già bene così. E poi Veronica era stata presa, ogni tanto sarei venuta a Roma con lei per vedere le sue lezioni.

— Se lei è d'accordo, possiamo dare a Jessica una borsa di studio. In questo modo la scuola sarebbe gratuita.

La discussione cominciava a farsi interessante. Nell'espressione di mia mamma si aprì uno spiraglio. Però si vedeva che c'era ancora qualcosa che non la convinceva. Ma cosa?

— Sarebbe bello, ma io ho un lavoro a Grosseto e non possiamo comunque trasferirci a Roma. L'unica cosa che potremmo fare è cercare di venire qui un giorno alla settimana, la domenica, ma non so...

— Affare fatto.

Ero in quinta elementare e la domenica mattina con la mamma e Veronica prendevamo il treno a Grosseto alle 5.30.

Arrivo previsto a Roma Termini per le 8 e poi linea A della metropolitana, fermata Colli Albani. Le giornate erano intensissime, volavano via in un attimo e io non ero mai stanca: c'erano corsi di canto, danza e recitazione, una specie di piccolo paradiso dove ogni minuto, ogni secondo, imparavi nuove cose.

Mi avevano presa per cantare, ma mi divertivo molto di più durante le lezioni di danza e cercavo di non saltarne nemmeno una: classica, hip hop, moderna, jazz, contemporanea.

In quel periodo conobbi Valentina Ducros, una persona alla quale tengo moltissimo, una spilungona bellissima ma, soprattutto, una fantastica corista Rai, dalla voce infinita, alla quale talvolta chiedo il supporto tecnico.

Quando era possibile, cercavo anche di seguire le lezioni di canto di Viviana Ernandez, una cantante lirica bravissima e molto simpatica. Un giorno prese da parte mia mamma e cominciarono a parlare.

Non sapevo proprio cosa aspettarmi, anche perché stavo cominciando a capire che le cose possono succedere molto in fretta e soprattutto quando non le hai previste.

Infatti.

— Francesca, mi piacerebbe presentarvi il direttore artistico dell'accademia. Si chiama Andrea Pistilli, lo conoscete?

Ne avevamo sentito parlare, ma è come quei personaggi famosi di cui conosci molto bene il nome e non il viso

— Andrea è il direttore artistico dell'area canto e musica qui da noi, ma è prima di tutto un produttore musicale e un musicista, un musicista vero.

Quando lo incontrammo, scoprimmo che Andrea era un grande e nella sua carriera in Italia aveva suonato più o meno con tutti: Lucio Dalla, Baglioni, Ron, Tosca, Ivano Fossati, Carmen Consoli. Tutti.

E insegnava anche al Campus di Cinecittà, la famosa "fabbrica degli artisti" diretta da Maurizio Costanzo. Con lui fu un colpo di fulmine e sin dall'inizio si instaurò un rapporto di grande fiducia.

Tanto che poi, tempo dopo, scelsi proprio lui per farmi da padrino alla cresima. Avrei apprezzato col tempo le sue qualità, la sua passione musicale e la sua ironia, ma già allora io e mia mamma eravamo certe di trovarci di fronte a una persona speciale.

Andrea decise di coinvolgermi per una piccola parte in *Have a Dream*, il musical diretto da Claudio Insegno in programma per l'estate a Roma. Qualche musical l'avevo visto, ma non avevo mai considerato di poter far parte del cast...

Dopo *Have a Dream* arrivò la proposta di partecipare ai provini per il Campus di Cinecittà.

— Ma al Campus non sono tutti maggiorenni? — chiese mia madre. Ormai avevamo capito che l'età era il problema più grande. ;)

—Vero. Ma Jessica ha le capacità per provarci lo stesso.

E così mi ritrovai a fare il provino e, contro ogni previsione, a vincerlo con una borsa di studio.

Come alla Kledi Academy, anche qui seguii principalmente i corsi di danza, ma il lunedì prima di partire riuscivo ad assistere anche alle lezioni di canto della cantante jazz Fabiana Rosciglione.

Era una spilungona bellissima, con una comicità innata e una simpatia travolgente, sorella di Dario Rosciglione, mio futuro produttore artistico e grande jazzista (mai conosciuto un uomo tanto sensibile dal punto di vista musicale e umano).

Al campus si studiavano discipline simili, ma lì ero l'unica minorenne. Gli altri erano tutti molto più grandi di me e quindi ero super coccolata.

A Roma sono cresciuta, cambiata, maturata. Le persone fantastiche che ho conosciuto mi hanno insegnato soprattutto una cosa: che per realizzare i propri sogni bisogna crederci fino in fondo e non smettere mai di lottare. Come canta Alex...

E ogni ostacolo che supererò
Sarà come un colpo d'ali e là io volerò.
Non mi importa se è impossibile
Ma io scoprirò la mia verità
Finalmente io saprò volare e volerò!

Summertime
George Gershwin

Jessica è entrata nella mia scuola, la Kledi Dance, nel 2005. Era sempre accompagnata dalla mamma e dalla nonna. Era una bambina timida, molto carina, talentuosa, fisico perfetto, veniva sempre nei weekend da Grosseto e partecipava a tutte le lezioni di danza e canto.

È sempre stata precisa in tutti gli appuntamenti, dedita a imparare ogni forma d'arte, aveva tutte le carte in regola di una che sarebbe potuta arrivare: determinata, educata, si metteva sempre in discussione anche nelle discipline dove trovava più difficoltà, raggiungendo in ogni cosa che faceva ottimi risultati.

Appena è arrivata ci siamo resi conto che nel canto aveva delle caratteristiche fuori del comune, un talento puro che con la sua intelligenza in questi anni ha perfezionato, meritando tutto quello che sta concretizzando. La nonna e la mamma l'hanno aiutata moltissimo in questo percorso facendo dei notevoli sacrifici, vista l'età di Jessica.

Nel 2006 la portai con me ai "Raccomandati", partecipammo insieme e vincemmo la puntata. Per me è stata una *grande soddisfazione. Ancora oggi siamo costantemente in contatto, mi manda sms carini di "in bocca al lupo" tutte le volte che c'è una nuova puntata di "Amici" ed è sempre in prima fila a tutti i miei spettacoli. Mi ha fatto una sorpresa alla prima di "Romeo e Giulietta" ed è molto bello per me vedere crescere questa bambina con gli ideali che io cerco di trasmettere a tutti i miei allievi. Le auguro una carriera d'oro e penso che con il carattere che ha la aspetti un grande percorso artistico.*

Kledi

Amo l'estate e forse la amo così tanto perché a meno di dieci chilometri da casa mia c'è il mare. Un mare bellissimo, il mare della Toscana, e da Grosseto in meno di mezzora si arriva a Marina di Grosseto o a Castiglione della Pescaia. Per noi sono semplicemente "Marina" e "Castiglione".

Da giugno a settembre la mia vita cambia completamente: niente più treni, chilometri, compiti in classe e interrogazioni e un solo pensiero nella testa: il mare. Di solito con le mie amiche prendiamo l'autobus e in dieci minuti siamo sulla spiaggia di Marina. Oppure, quando la mamma non deve andare al lavoro, andiamo in due con il suo motorino. Adoro l'acqua, nuotare, stare a mollo per ore e fare i tuffi dal pattino finché non sono stufa (e non sono mai stufa!) e giocare a pallavolo sulla spiaggia o a racchettoni lungo il bagnasciuga. Odio prendere il sole. Non lo sopporto.

SUMMERTIME - GEORGE GERSHWIN

Non so perché ma è così, è sempre stato così e proprio non le capisco quelle ragazze che stanno per ore sotto il sole come lucertole.

L'estate del 2006 è stata un po' diversa dalle altre e la settimana di Ferragosto di quell'anno è nella top five dei periodi più belli della mia vita.

Ero stanchissima, per mesi e mesi ero andata a Roma tutte le settimane: la domenica avevo le lezioni di danza all'accademia di Kledi, il lunedì quelle di canto al Campus di Cinecittà, poi la sera tardi tornavo a Grosseto e il giorno dopo c'era scuola.

Avevo aspettato tanto le vacanze e ora la mia lunga attesa era stata premiata. Ma un giorno, erano i primi di agosto, arrivò una telefonata da una persona speciale.

— Francesca, sto organizzando uno spettacolo in Sardegna, fra dieci giorni partiamo. Mi piacerebbe portare con me Jessica.

— Di cosa si tratta? — chiese mia madre.

— Si chiama *Emozioni*: due ore di danza moderna e musica leggera. Con noi c'è un giovane cantante sardo, ma sto cercando una voce femminile e tua figlia sarebbe perfetta.

— Sembra bello, però…

— Dai, perché non venite? Sarà una bellissima esperienza.

Mia mamma riattaccò il telefono e mi guardò con un'espressione indecifrabile. Io in quel momento non avevo idea di chi fosse la persona con la quale stava

parlando, ma avevo sentito qualche brandello di conversazione avvicinando l'orecchio alla cornetta.
— Mamma, ma era...?
— Kledi.
Era Kledi, sì, il mio angelo custode. E la mia estate stava per essere completamente rivoluzionata.

L'appuntamento con Kledi e la Free Dance Ballet era al porto di Civitavecchia. Eravamo una ventina di persone e tanto per cambiare io ero la più giovane di tutte!
Ero molto emozionata per l'avventura che stavo per vivere, ma anche perché non ero mai stata né su un traghetto né su un'isola.
Ci imbarcammo e nel giro di poche ore il traghetto ci lasciò a Olbia, in Sardegna. Una volta arrivati a destinazione ero già stata promossa a mascotte ufficiale del gruppo.

Il nostro hotel era a Liscia di Vacca, vicino all'anfiteatro dove il 14 agosto avremmo dovuto esibirci. Mentre camminavamo fuori dall'hotel mi accorsi che le strade dei paesi erano tappezzate di pubblicità del nostro spettacolo. Solo in quel momento provai un vero brivido di paura all'idea della quantità di persone che mi avrebbe visto! Avrei dovuto ballare con tutti gli altri e cantare da sola. Ce l'avrei fatta? Ne dubitavo.
Mi tornò in mente quel giorno, due anni prima, quando quasi per caso mi trovai ad aprire una manifestazione musicale presentata da Jovanotti a Grosseto. Pur

essendo la più piccola, ero riuscita a salire su quel palco e a cantare *Summertime* con tutta la voce che avevo in corpo. Avevo un po' di paura, ma non come la prima sera delle *Emozioni*...

Le giornate volavano, di giorno le prove e nel tempo libero a mollo nella piscina dell'albergo. Eravamo arrivati da appena due giorni e mi sembrava di essere lì da tutta l'estate.

I ragazzi della compagnia erano carinissimi con me, mi coccolavano e avevo l'impressione di conoscerli da una vita. Valerio Scanu sembrava timido, aveva un sorriso dolcissimo e quando lo sentii cantare la prima volta rimasi senza parole.

Aveva una voce stupenda. Avrebbe cantato *Signora Fantasia*, un pezzo di Alex Baroni che adoro, mentre io avevo scelto *At Last*, uno dei miei cavalli di battaglia e *Potrei fare peggio*, una canzone tratta da *Grease* e tradotta in italiano.

La sera di Ferragosto l'anfiteatro era pieno di gente, faceva un caldo tremendo e io indossavo il mio vestito verde preferito. Era tutto pronto per cominciare. Tutto sotto controllo, tutto tranne un piccolo particolare: le scarpe.

— Jess, qui ci sono le tue scarpe. Quando il balletto finisce, corri qui, te le metti e torni sul palcoscenico per cantare. Ok?

Mi sembrava una proposta ragionevole.

Ballo, torno dietro le quinte, mi metto le scarpe e canto. Prima Valerio e poi io.

Ma non tutto andò come previsto. Al momento di cominciare a cantare mi accorsi che di quel piccolo particolare... mi ero dimenticata.

— Signori e signore, Jessica Vitelli con *At Last*.

Con il cuore a mille impugnai il microfono e una frazione di secondo prima di cominciare a cantare mi guardai i piedi ed ero... scalza.

Cominciai a cantare Etta James a piedi nudi chiedendomi se lei avrebbe mai potuto perdonarmi per questo affronto...

Guardavo i miei piedi nudi e non ci potevo credere. Avevo dimenticato di mettere le scarpe e ormai era troppo tardi.

Oddio. Cercai nel pubblico il viso di mia mamma. Lei incrociò il mio sguardo, scosse la testa e sorrise. E io lessi nel suo sguardo le parole che mi avrebbe detto poco dopo: sei sempre la solita.

Overjoyed
Stevie Wonder

Jessica ha fatto il quiz "Che tipo di strega sei?"
Il risultato è: Sei proprio una strega!

Sei una vera strega come ormai non ne esistono più e conosci tutti i segreti delle arti magiche. Sei sensitiva e con un solo sguardo capisci con chi hai a che fare perché senti le energie intorno a te e hai un sesto senso fortissimo. Per questo motivo spesso fai sogni premonitori e anche grazie al tuo intuito infallibile raramente ti sbagli, non ti fai condizionare dagli altri e hai le idee chiare (anche troppo!).

Un consiglio: continua a seguire il tuo istinto e andrai lontano.

La persone, prima di addormentarsi, fanno davvero le cose più strane.

Ci sono quelli che si addormentano davanti alla televisione e la mattina dopo si svegliano con la luce accesa, ancora tutti i vestiti addosso e con la schiena a pezzi.

Poi ci sono quelli che non dormono se non arrivano in fondo alla pagina anche a costo di rileggere la stessa riga venti o trenta volte di seguito e il mattino dopo di solito non ricordano nemmeno una parola.

Altri chattano su Facebook, altri ancora si sparano la musica nelle orecchie a tutto volume mentre i pensieri galleggiano e piano piano li abbandonano e in pochi minuti si addormentano.

Ma quelli che invidio più di tutti sono altri.

Quelli che dicono buonanotte, mettono la testa sul cuscino e ciao a tutti, in meno di un minuto sono nel mondo dei sogni. A me per dormire a volte servono ore e ore. Arrivata alla fine di una giornata ho in testa mille pensieri, rivivo tutto quello che mi è successo e di solito accade che il mio corpo sia stanco ma il mio cervello no, come se fossero due cose separate. Sento le braccia e le gambe pesanti, gli occhi che mi si chiudono ma la testa che va veloce come un razzo e non riesco a spegnerla. Poi, a un certo punto, vengo assalita da una lucidità assurda e comincio a organizzare tutto per il giorno dopo, come se avessi un'agenda computerizzata nel cervello. *Ora mi segno tutto sennò me lo dimentico, alzati Jess, prendi carta e penna e scriviti le cose da fare domani. Dai, alzati... Ma no, me le ricorderò lo stesso...*

E intanto gli occhi mi si chiudono e piano piano mi addormento e l'indomani naturalmente non mi ricordo un bel niente. XD

Poi ci sono altre sere, nelle quali a tenermi sveglia non sono i pensieri. Ma l'emozione.

OVERJOYED - STEVIE WONDER

Era una serata speciale. Una di quelle sere che ha tutte le caratteristiche per renderti completamente insonne. Se già di solito non riuscivo a prendere sonno, quella volta non c'erano speranze perché ero troppo felice, eccitata ed emozionata.

Numero uno: avevo preso il primo aereo della mia vita.
Numero due: ero all'estero e non c'ero mai stata prima.
Numero tre: avevo cantato in un posto splendido davanti a migliaia di persone con un coro meraviglioso. Se ci ripenso, il cuore mi batte ancora a mille all'ora.

Tutto era cominciato qualche mese prima, quando il mio produttore mi aveva chiesto se volevo duettare con Nicky Nicolai davanti al Papa a Roma, in piazza San Pietro.
— Ci sarà il coro delle Matite Colorate — stava dicendo il produttore a mia mamma. — Hai presente quei bambini tutti vestiti di rosso? Il loro direttore, Padre Luca, mi ha chiesto di aiutarlo a trovare una voce femminile giovane e io ho pensato a te.
Anche se sono sempre stata credente, devo dire la verità: non avevo proprio mai pensato di cantare davanti al Papa! E in piazza San Pietro a Roma!
— E chi sarebbero queste Matite Colorate?
— È un coro di bambini e ragazzi dai sei ai diciotto anni. Il loro nome è un omaggio a Madre Teresa di Calcutta, la loro madrina.

— Perché? — avevo chiesto io, non riuscendo proprio a capire questo collegamento.

— Era lei che diceva di essere «una piccola matita nelle mani di Dio».

Mamma mia, ma questa è una cosa seria.

— Ma Jessica dovrebbe cantare nel coro?

— No, dovrebbe duettare con Nicky. Padre Luca, il direttore del coro, ha scritto una canzone appositamente per loro, si intitola *Quanto mancherà*.

Mamma mia, questa è una cosa ancora più seria!

Ecco, insomma, sì, alla fine ci sono andata. Anch'io con i miei jeans e la mia magliettina rossa come tutti i ragazzi del coro, ero super felice. Solo che poi c'è stato il famoso imprevisto: Nicky Nicolai non è potuta venire e mi sono ritrovata completamente da sola :(con il coro in piazza san Pietro e davanti a me il Papa e migliaia di persone.

Certo, ognuno ha le sue strategie per mantenere la calma e concentrarsi e, naturalmente, ce le ho anche io. Ma quella volta mi sembrava davvero impossibile potercela fare.

Di solito quando salgo su un palcoscenico è come se avessi gli occhi chiusi. Cioè, logicamente sono aperti, ma non vedo. O meglio, non guardo nessuno, faccio finta di essere sola e le immagini intorno a me sono tutte completamente sfuocate. Poi piano piano mi rilasso, sento la musica tutto intorno a me e allora comincio a mettere a fuoco le facce e le espressioni della gente.

OVERJOYED - STEVIE WONDER

Quel giorno c'era un'atmosfera speciale, era una giornata di sole spettacolare e sembrava che tutto facesse parte di una coreografia studiata e organizzata nei minimi dettagli. E lì, a pochi metri da me, il coro e... il Papa. Oltre a tre farfalle che incredibilmente continuavano a svolazzarmi intorno. Sembrava che ballassero al ritmo delle nostre voci. Io amo le farfalle e quel giorno pensai proprio che erano venute lì per portarmi fortuna. :)

L'emozione di quel giorno, quando ci ripenso, me la sento ancora addosso. Ad ogni modo tutto andò benissimo, tanto che Padre Luca, alla fine, mi chiese se volevo cantare di nuovo col coro. Non più a Roma questa volta, ma a Cracovia.

Chissà perché nessuno dice mai che Cracovia è bellissima. Io non ho viaggiato molto (anzi non sono mai stata quasi da nessuna parte) ma rimasi incantata da Cracovia. Maestosa, piena di verde, pulitissima, elegante. Papa Wojtyla, il Papa polacco, è nato qui e il concerto era stato organizzato proprio per commemorare il terzo anniversario della sua morte.

Fu una giornata indimenticabile, anche perché sul palco c'era un megamaxischermo con il suo viso in formato gigante che ci guardava e sorrideva. La gente era tutta commossa e anche noi. Sembrava proprio che fosse ancora vivo, era come se fosse lì con noi.

E poi quel giorno mi accorsi di come era proprio diverso cantare con un coro, piuttosto che sola sul palco. Certo, è ovvio che è diverso, ma solo quel giorno mi trovai a pensarci su.

Quando canti con un coro ti senti parte di un gruppo. La tua voce è un accordo in mezzo a una sinfonia e si completa e completa le voci degli altri.

Io canto da sola, ma non sempre! ;)

Welcome To My Life
Simple Plan

— *Ci porterai fortuna!*
— *Perché?*
— *Sei la prima in assoluto che mette piede qui dentro. Buon segno, no?*

Marco Alboni mi è stato subito simpatico. E anche Enrico e Gabro, le due persone che ci accolsero con lui quando arrivammo alla EMI Music. Era il nostro primo appuntamento con loro e, data l'importanza dell'evento :) era venuta anche la nonna. Aveva detto che voleva capire bene cosa stava succedendo e che non si fidava a lasciare da sole me e la mamma...
Ero contenta di essere lì ma anche veramente molto agitata.
Cosa mi chiederanno? Tanto di sicuro non mi prenderanno mai... La EMI è la casa discografica dei Beatles, dei Rolling Stones e dei Queen! Perché dovrebbero farmi fare un disco... A me! Sono matti? Ahahahahah!
— Ti piace qui? — mi chiese Marco.

— Sì — risposi io timidamente.
— È andato bene il viaggio?
— Sì.
— Vuoi qualcosa da bere?
— No.

Ecco perfetto... Riesco solo a dire sì e no.

Mi sentivo veramente scema, ma non potevo farci niente. Odio essere timida e quando sono un po' nervosa succede sempre la stessa cosa: o parlo a monosillabi o a macchinetta, velocissimo e mettendo insieme senza accorgermene un numero assurdo di parole.

Avrei dovuto rispondere che "sì, questo posto è stupendo e mi piace un sacco l'idea di essere la prima artista a entrare nei nuovi uffici della EMI!".

Ma quel giorno, purtroppo per me, ero in modalità "monosillabi"...

Gli uffici erano proprio nuovi di zecca, ancora pieni di scatoloni dappertutto... ma la cosa che mi colpì di più fu il fatto che le pareti erano tutte di vetro e gli uffici sembravano un po' delle navicelle spaziali trasparenti con la gente che parlava da una stanza all'altra attraverso i vetri. Anche se a volte non si capivano, cercavano di leggere il movimento delle labbra e se non ci riuscivano alzavano la voce e a volte urlavano. Insomma, visto da fuori faceva ridere. ;)

Dopo l'incontro con Marco, salimmo al terzo piano. Anche lì le pareti degli uffici erano trasparenti. Tutti alzavano gli occhi, ci guardavano e salutavano mentre passavamo. Loro vedevano me e io loro.

WELCOME TO MY LIFE - SIMPLE PLAN

Non so come sono la Sony o la Warner, ma la EMI è stupenda.

Ci accomodammo in una saletta tutta trasparente.

— Abbiamo sentito il singolo di Jessica su Radio Montecarlo — disse Marco guardando mia mamma. — È molto bello.

Marco è il presidente della EMI Italia. Enrico e Gabro si occupano della parte artistica. Avrei capito solo qualche tempo dopo in cosa consisteva il loro lavoro. Lì per lì comunque facevo sì con la testa e continuavo a stare zitta.

— Secondo noi sua figlia ha una bellissima voce, calda e matura. È incredibile che abbia solo quattordici anni.

Chiaramente loro non potevano sapere che proprio di quella voce calda e maschile io non ero contenta, ma... effettivamente, anche secondo me la cover di *Video Killed The Radio Star* era venuta proprio bene. L'idea di inciderla e mandarla a RMC in quella versione molto "mia" era stata di Dario Rosciglione, il mio vecchio produttore. E con lui avevo fatto anche il mio debutto nel mondo del web su MySpace e YouTube.

Dopo i complimenti vollero sapere qualcosa di me. Una cosa in particolare: — Jessica, ma tu di solito che musica ascolti?

Adesso non posso non dire niente. E dai, su... sorridi... e parla! Ma da dove inizio? Nel cellulare ho qualcosa come diecimila canzoni.

— Io?... Più o meno di tutto... Ella Fitzgerald, Etta James, Billie Holiday, Michael Bublé. Ma mi piacciono tantissimo anche Whitney Houston, Mariah Carey, Michael Jackson e... ultimamente il mio gruppo preferito sono i Muse.

Marco ed Enrico si scambiarono uno sguardo e poi mi puntarono addosso due occhi stupiti.

— Ah, mi piace anche Chopin. E Debussy.

— E i Tokyo Hotel?

— Non li conosco molto bene... — ammisi, anche se mi venne subito il sospetto di aver fatto un passo falso. Forse non dovevo dirlo!

— Ah, interessante — disse Marco annuendo.

Erano stupiti. Però sorridevano.

— E musica italiana? Ti piace la musica italiana?

— Qualcosa. Amo Bocelli, Alex Baroni, i Negramaro e Luca Velletri!

Tutti mi hanno sempre chiesto se mi piace anche la musica italiana perché io canto spesso in inglese. A casa la mamma ha sempre ascoltato musica cantata in inglese e quindi mi sono abituata così e non mi viene naturale farlo in un'altra lingua.

Ora mi chiederanno se mi piacerebbe cantare in italiano...

— E hai mai pensato di cantare in italiano?

Rispondi di sì, Jess. Questa volta un monosillabo va bene!

— Non lo so, però credo di sì, credo che potrei provare...

Tornammo a Milano dopo qualche settimana, ma questa volta la nonna rimase a casa.

Questa volta avrei dovuto cantare.

Con noi c'era Andrea Pistilli, cosa che mi tranquillizzava un sacco. Quando lui è con me mi sento più tranquilla.

Gli scatoloni non c'erano più. Il trasloco era terminato ma c'era comunque un gran fermento. La causa però era... ero io.

Erano tutti molto "gasati", volevano sentirmi dal vivo. Prendemmo l'ascensore fino all'ultimo piano e ci ritrovammo in una stanza grandissima.

Saranno stati non so quanti metri, comunque era grandissima e quasi completamente vuota. In un angolo c'erano anche un biliardino, una specie di giardino giapponese in miniatura con tutti i sassolini e... il pianoforte. Il pavimento era tutto bianco e non c'erano pareti, solo finestre enormi dappertutto.

Fuori solo una terrazza e il cielo di Milano.

Stare su una nuvola deve fare più o meno lo stesso effetto.

— Bello qui — dissi, cercando di mostrarmi un po' più disinvolta dell'ultima volta.

— Ti piace? Qua facciamo i provini agli artisti e gli show case. Lì c'è il piano. Ti va di farci sentire qualcosa?

Andrea si mise al piano e io cominciai a cantare. Tremavo come una foglia, all'inizio.

Subito prima di cominciare mi tornò in mente un episodio dal quale, ne ero certa, avrei tratto il coraggio per cantare.

Ero a Ronciglione, al Tuscia Jazz Festival, nel 2007,

con Andrea e con la sua band e io avevo cantato per un'ora e quaranta minuti!

Con la band alle mie spalle e davanti il pubblico e una giuria americana strafashion. C'erano il batterista di Ella Fitzgerald e un sacco di altri musicisti jazz famosissimi. Con Andrea avevo vinto il premio come miglior voce emergente: una coppa e uno stage di canto. Fu il mio primo concerto jazz, un'emozione indescrivibile.

Il ricordo si volatilizzò poco prima che giungesse il momento di aprire la bocca e mettersi a cantare, ma nel frattempo avevo trovato il coraggio per affrontare questa nuova sfida.

Dai Jess, tira fuori la voce e vai.

Dream a Little Dream of Me
Doris Day

— Oh, ma lo sai che una mia amica mi ha fatto scoprire un gruppo fantastico?

Era un pomeriggio d'autunno, ero nella mia camera e avevo appena finito di ascoltare per la terza volta un CD che mi avevano passato. Così avevo deciso di chiamare Enrico della EMI Music. Volevo proprio sentire cosa ne pensava di questa mia scoperta.

— Dai... e come si chiama?
— Non mi ricordo... Green qualcosa...
— Non stai parlando dei Green Day?
— Ecco, bravo, proprio loro!
— Ma Jessica, davvero non conoscevi i Green Day?
— No, perché? Sono famosi?
— Eh sì, abbastanza.

Quando mi hanno spiegato per la prima volta qual era il lavoro di Enrico, non ho capito subito di che si trattava. È un po' il manager, ma non solo. È una persona che «ti seguirà dal punto di vista artistico e ti aiuterà a sviluppare un tuo repertorio e a realizzare il tuo primo album».

Insomma, è Enrico.

Si chiama così, e spiegare in cosa consiste il suo lavoro, volendo può essere semplicissimo: è la mia bussola in questo nuovo mondo in cui all'inizio non ci si capisce proprio un bel niente!

In altre parole si sarebbe occupato di fare da ponte tra me e la EMI, aiutandomi a capire cosa dovevo fare e a farlo nel migliore dei modi. È simpatico, molto professionale e parla sempre a voce bassa. Mi fido ciecamente di lui, anche perché ha il potere di farmi sentire tranquilla in qualunque momento e, anche per questo, lavorare con lui mi piace. Anzi, come si dice a casa mia, "mi garba". :)

Qualcuno dice che il secondo album è sempre il più difficile ma posso garantire che anche il primo non scherza. :)

— Dobbiamo pensare bene a come impostarlo — mi spiegò Enrico. — È il tuo biglietto da visita con il pubblico... è importante che venga fuori un bel lavoro.

Enrico con parole gentili stava cercando di dirmi che il primo disco o lo indovini o non lo indovini e nel caso si verifichi la seconda possibilità, poi recuperare non è proprio semplicissimo.

Ogni dettaglio è fondamentale: il nome, la foto in copertina, il numero e l'ordine dei pezzi e... la promozione, che era fra le cose che mi terrorizzava di più.

— Per avere successo servono due cose — mi disse Enrico. — Un prodotto di qualità e qualcuno che ne parli. La prima da sola non basta ma se non c'è quella, si viene dimenticati in fretta, te lo garantisco. Tu sei brava e il primo ingrediente c'è. Poi starà a noi usare tutti gli strumenti che abbiamo per farti conoscere al mondo. Sarà un po' faticoso ma vedrai che ne varrà la pena.

— Ma se facessimo qualcosa di jazz? — chiesi io timidamente, pensando alle mie grandi passioni.

— Devi avere pazienza, Jessica. Questo è un EP di presentazione, il tuo debutto. Deve essere semplice e diretto, musica che la gente conosce già, ma in puro stile Jessica Brando.

— Tipo cover?

— Sì, esatto, cover di canzoni già famose a cui darai il tuo carattere, la tua personalità e il ritmo che vorrai.

— Ok… ma in inglese però!

— In inglese, certo.

— E come li scegliamo i brani?

— Fammi un elenco delle tue canzoni preferite, io intanto ti mando un po' di tutto da ascoltare e poi magari ne riparliamo.

Enrico mi preparò tre CD strapieni di musica, roba che avrei potuto chiudermi in camera per un mese senza uscirne mai. Dopo qualche giorno ci vedemmo di nuovo.

— Allora… — disse lui incuriosito. — Ti sei segnata qualcosa?

— Sì, mi piace da morire *Karma Police*…

— Benissimo, i Radiohead.
— Sì, loro. Poi... *Stop and Stare*...
— OneRepublic... ottima scelta! E che ne dici di Lenny Kravitz?
— Qual è?
— Quello di *I Belong to You... e you belong to me too*...
— Ah sì, stupenda anche quella canzone!
— E siamo a tre.
— Io vorrei anche i Muse e Stevie Wonder.
— Mmm, a cosa pensavi di preciso?
— *Time Is Running Out*? Ti prego! E *Never Dreamed You'd Leave in Summer*. E poi i Green Day...
— Ah, quel gruppo nuovo che hai scoperto? — disse lui per prendermi in giro.

Io abbozzai un sorriso e fu deciso. Anche i Green Day con *Wake Me Up When September Ends*. Svegliami quando settembre finisce, e anche quando il mio EP è già pronto! ;)

Il titolo scelto fu *Jessica Brando*, come me, come la "me" cantante, e conteneva un perfetto mix di miei vecchi amori e pezzi di cui fino a poco tempo prima ignoravo l'esistenza ma che al primo ascolto mi avevano folgorato. In copertina c'ero io seduta su una specie di trono in mezzo a un prato immenso... troppo bello.

1. *Time Is Running Out (New Classic Mix)*
2. *Karma Police*
3. *Stop and Stare*

4. *Never Dreamed You'd Leave in Summer*
5. *Wake Me Up When September Ends*
6. *I Belong to You (Live at Radio Montecarlo)*
7. *Stop and Stare (Andro.i.d Remix)*

Incidere un disco è divertente e anche se avevo già fatto questa esperienza da piccola negli studi di Grosseto, questa volta fu tutta un'altra cosa. Anche perché serviva tempo.

L'organizzazione è stata molto, molto complicata: la EMI è a Milano, io a Grosseto e, tra le altre cose, dal lunedì al sabato avrei avuto la scuola... un casino!

In tre weekend comunque siamo riusciti a finire il lavoro grazie anche ai due fantastici produttori di *Jessica Brando*: il mitico Andrea Pistilli con cui ho registrato *Time Is Running Out* e *Never Dreamed You'd Leave in Summer* e Umberto Iervolino, che non conoscevo ma col quale mi sono subito trovata benissimo.

Fare un album di cover è strano perché alla fine, quando le riascolti, sono uguali e diverse allo stesso tempo dalle canzoni originali. Come *Karma Police*, per esempio, che senza nemmeno accorgermene, cantata da me ora è un po' elettronica e un po' jazz e mi piace un sacco. :)

— *Time Is Running Out* spacca. Per me questo potrebbe essere il singolo.

Avevano ragione.

Il singolo prima dell'estate cominciò a girare in radio e ottenne, incredibilmente, un bel successo. Nel giro di qualche mese entrò addirittura nella top 100 dei brani più passati dalle radio.

— Ma internet? — mi chiese un giorno Enrico.

— Internet cosa?

— Dai, mettiamo qualcosa in rete. Non c'è nemmeno un video!

— Ma non ce l'abbiamo ancora un video.

— Ma non avevi fatto delle riprese durante le registrazioni? Dai... carichiamo quelle!

Così finii anche su YouTube e successe una cosa strana perché mi resi conto di quante persone cliccavano su *Time Is Running Out*. Migliaia di visualizzazioni in pochi giorni! Quando a ottobre uscì finalmente il mio disco, qualcuno che lo aspettava c'era già. E questo, per me, era davvero un piccolo sogno.

Video Killed the Radio Star
The Buggles

Per me la musica è come una droga.

Non posso farne a meno. Scandisce le mie giornate e ogni momento è sempre, inevitabilmente, collegato a una canzone. È più forte di me, una specie di meccanismo mentale per cui tutto quello che faccio deve avere una sua colonna sonora ben precisa. Se la mattina c'è il sole ascolto *Bohemian Rhapsody* dei Queen, *Cheek To Cheek* di Fred Astaire o Michael Bublé con *Come Fly With Me*.

Quando piove e sono a casa mi chiudo in camera e mentre divoro una fetta enorme di pane e Nutella ascolto Chopin, Muse ed Evanescence.

La sera, invece, è diverso: faccio parte di quelle persone che prima di dormire pensano a un milione di cose e mentre la mente vaga all'infinito la mia playlist notturna suona Gershwin, Debussy, Billie Holiday e Andrea Bocelli.

Mi piace finire le mie giornate così.

La nonna ha ragione: se un pittore mi facesse un ritratto molto probabilmente lo chiamerebbe "ragazza con le cuffie". :)

La musica è il mio mondo, fuori dal tempo e dallo spazio dove nessuno può entrare senza prima chiedermi il permesso e anche quelli della EMI devono essersene accorti.

— Jess, ti andrebbe di fare un videoclip? — mi proposero un giorno. — Pensavamo a *Stop and Stare* e tu che cammini mentre ascolti la musica con le cuffie e canti. Vorremmo che il video parlasse di te.

Perfetto. Cosa potrei chiedere di meglio? E quando lo giriamo? Dove? Ma soprattutto... come si fa?

I posti scelti da Stefano, il regista, erano tre: il teatro degli Industri di Grosseto, un bellissimo prato vicino a Siena e, udite udite, Montecarlo!

Enrico, il mio manager della EMI e la troupe arrivarono a Grosseto di sabato. In giornata girammo le scene in teatro e a Siena per poi proseguire verso la Francia. Tutto fu organizzato per non farmi saltare la scuola e tornare a casa la domenica sera.

Peccato che non sempre le cose vadano come uno se le era immaginate, perché il fatidico giorno mi svegliai con la febbre.

Ero distrutta, ma l'unica cosa che potevo fare era alzarmi e fare finta che andasse tutto bene.

Era ottobre e anche se c'era un sole stupendo io avevo un freddo cane.

— Stai tranquilla, non si vede che stai male — mi aveva detto la truccatrice. — Anzi è quasi meglio così,

VIDEO KILLED THE RADIO STAR - THE BUGGLES

con quegli occhi lucidi sei perfetta! Sarai una meraviglia.

La truccatrice mi ricoprì il viso di fondotinta e qualunque altra cosa mi facesse sembrare in salute ma io non mi reggevo in piedi e stavo davvero male.

— E poi anche se non hai voce non importa — mi rassicurò Enrico. — Non devi cantare sul serio, è tutto in playback.

Il teatro degli Industri era un posto che conoscevo bene. Ero contenta di cominciare da lì, ero felice.

Salii sul palco, mi girai e vidi Riccardo, il mio migliore amico. Mi sembrava di essere in un film o forse in una specie di sogno-incubo in cui è tutto perfetto ma io mi sento morire e continuo a perdere l'equilibrio... mi sembrava di cadere e avevo brividi fortissimi.

Quando Riccardo mi aveva detto che voleva partecipare al casting per la selezione dei musicisti io non ci credevo e invece... mi girai e lo vidi lì con il suo basso elettrico. In verità lui suona la chitarra ma, non so perché, nel video avevano deciso che avrebbe suonato il basso. Ci guardammo e mi venne da ridere tanto che quasi non riuscivo a cantare... era tutto pettinato e truccato... non sembrava neanche lui!

Provammo il pezzo più di una volta perché mi lacrimavano gli occhi e la truccatrice ogni dieci minuti mi doveva ritoccare.

Partimmo per Siena che era già pomeriggio. Mi cambiai in macchina e quando arrivammo ero già pronta anche se questa volta avevo più paura di prima perché ora avrei dovuto fare tutto da sola.

Il regista mi spiegò cosa stava per succedere: dovevo "solo" fare finta di cantare e intanto camminare con le mie cuffie in mezzo all'erba altissima.

E i serpenti? Come la mettiamo con i serpenti? Qualcuno ci ha pensato che potrebbe sbucare una vipera da un momento all'altro e io non ho l'abbigliamento adatto? Ho solo un vestitino a fiori e un paio di scarpe da ginnastica! E poi come posso fare la faccia seria e un po' pensierosa con tutti voi che mi guardate e con quei due che mi stanno appiccicati? Io non sono un'attrice, sono una cantante!

Mentre un cameraman mi riprendeva, un altro tecnico mi seguiva con lo stereo acceso e io ci dovevo cantare sopra *Stop and Stare*. Senza pensare alle vipere, naturalmente...

Sembra facile ma non è così! E poi mi vergognavo, c'era la troupe e un sacco di altra gente che mi guardava.

Montecarlo me la immaginavo diversa.
Ci fanno il Gran Premio, c'è il Casinò e ci abita anche Carolina di Monaco. :)

Era una giornata incredibile e sembrava incredibile che a Grosseto fosse inverno, perché a Montecarlo pareva estate!

La gente prendeva il sole sulla spiaggia e faceva il bagno, noi sembravamo arrivati dal Polo Nord con i nostri stivali e le nostre sciarpe di lana. Com'era possibile?

Il tempo di truccarmi e cambiarmi di nuovo e fui

VIDEO KILLED THE RADIO STAR - THE BUGGLES

pronta a girare. Le scene si svolgevano alla stazione, nel tunnel del Gran Gremio e nel Giardino Giapponese.

Per fortuna la costumista mi aveva dato un paio di jeans con maglittina e trench nero incorporato. Di tutti e tre, questo è il mio look preferito. Piccolo particolare: le scarpe erano troppo piccole, delle Converse di vernice nera che mi facevano male ai piedi e non mi piacevano nemmeno tanto. Ma, mi chiedevo, tanto chi lo vedrà questo video?

Montecarlo era ancora più bella di come me la immaginavo: modernissima, con grattacieli ovunque, un sacco di verde e il mare. In giro c'erano solo macchine molto lussuose, dicevano che lì ci vivessero persone molto ricche e a occhio e croce mi sembrava vero. Persino la stazione era bellissima.

Ma niente potrà mai superare la meraviglia del Giardino Giapponese.

Io adoro il Giappone, non so perché ma è così, da sempre. Insieme all'Egitto è il mio paese preferito. E quando sono arrivata lì mi sono sentita catapultata in una specie di Giappone in miniatura, pieno di cascate, bonsai, sassi, ponticelli e fiumi dove nuotavano trote giganti!

Rimasi incantata. Guardai le trote che nuotavano, gli alberi, le casette basse come piacciono a me e improvvisamente mi resi conto di essere rimasta da sola. Non vedevo più nessuno.

Oddio, ma dove saranno tutti? Non posso essermi persa ancora! E in un giardino giapponese a Montecarlo! E adesso cosa faccio? Non sono a casa mia, non parlo francese, non so dove sono i carabinieri e mi sono persa.

A un certo punto mi sentii chiamare.

— Dai Jess, sei pronta?

— Ciak, si gira!

Perhaps, Perhaps, Perhaps
Cake

Dicono che se puoi sognarlo, puoi farlo.

Che ad arrivare lontano sono quelli che non smettono mai di sognare. Io invece dico che i sogni vanno protetti, sempre, ma che per raggiungere un obiettivo il sogno non basta. Bisogna anche combattere, avere grinta e, ogni volta che si cade, imparare a rialzarsi.
    Perché lo scopo della vita di ognuno di noi è scovare il proprio talento e portare a termine quello per cui siamo nati. Tutti, ma proprio tutti ne possediamo uno e trovarlo è la cosa più difficile. A volte è nascosto ben bene, ma quando lo trovi poi è come essere a bordo di una Aston Martin V12 Vanquish, veloce e silenziosissima, che senza che tu te ne accorga ti porta proprio dove vuoi. Di solito molto, molto lontano. :)
    Io canto. Mi piace da morire.
    Mi rilassa e contemporaneamente mi carica e mi dà energia. Non potrei mai vivere senza musica... L'ho già detto? ;)

— Te la sentiresti di partecipare alle selezioni per Sanremo?
— ...
— L'album è andato bene... possiamo fare un tentativo. Secondo noi ce la puoi fare, però dovrai cantare in italiano... ovvio...
— Stai scherzando, vero?
Se è uno scherzo, è di pessimo gusto. Non è uno scherzo. Enrico non scherza mai quando si parla di musica.

Non avevo idea di come funzionasse la selezione per Sanremo. Sapevo solo una cosa: all'inizio si è in mille, ma al festival ci vanno solo in dieci...

Il primo step è ascoltare le canzoni che la casa discografica seleziona per l'artista, che in questo caso sono io.

Alla EMI scelsero una decina di brani adatti a me, poi, insieme, li selezionammo finché ne rimase solo uno. The one.

I provini erano a Milano e più cantavo, più mi rendevo conto che per me la scelta era quasi obbligata.

Alla fine optammo per *Dove non ci sono ore*, una canzone scritta da Valeria Rossi (sì sì, lei, quella di *Dammi tre parole*!), perché di tutte le proposte era quella che mi si addiceva di più: lenta, melodica, classica, mi piaceva. Era lei the one!

Fino a quel momento avevo sempre interpretato musica già cantata da altri, ma questa volta era diverso.

Dove non ci sono ore era la prima canzone di Jessica Brando.

Una volta registrato il pezzo, la EMI mandò il CD alla giuria di Sanremo. È così che si fa. Del migliaio di proposte mandate dalle case discografiche, rimasero un centinaio di candidati. Tra quelli c'ero anch'io! E mi sembrava già incredibile.

Quando poi mi dissero che di quel centinaio ne avevano selezionati quaranta e che io ero tra quei quaranta... be', mi sono detta: ma io non posso andare a Sanremo sul serio!

I primi di gennaio ci incontrammo nella sede Rai di via Asiago e con me c'erano la mamma, Enrico e un paio di ragazzi della EMI. Non ero solo agitata, ma anche malatissima, non riuscivo nemmeno a parlare... figuriamoci cantare!

Quel giorno quindi non avevo voce, che non è proprio il massimo per una che deve fare i provini finali di Sanremo. Tra tutti i problemi che mi si potevano presentare, non credevo proprio che l'"ingresso" sarebbe stato uno di quelli.

Alla Rai non mi volevano far entrare.

Avevo appena compiuto quindici anni e quindi non avevo ancora ritirato la mia carta di identità. Convincerli che ero una cantante e che dovevo partecipare alle selezioni non fu la cosa più facile del mondo ma alla fine ci riuscimmo.

— Jessica, tocca a te.

Ahahahaha, tocca a me, che ridere. Adesso mi scatta la sindrome del vigile!

La sindrome del vigile è un mio "problema". Mi

spiego: quando mi emoziono è come se perdessi il controllo del mio corpo, mi concentro sulla voce (mi sembra già molto) e mi trasformo in una specie di palo. Tengo il microfono con tutte e due le mani, non muovo le gambe di un millimetro e non riesco, ma proprio non riesco, a guardare nella telecamera perché mi vergogno. Non me ne accorgo ma sono praticamente immobile e il massimo che riesco a fare è muovere un braccio dall'alto al basso o da sinistra verso destra, esattamente come un vigile quando dirige il traffico, una tragedia.

La mamma, che mi conosce, mi sorrise. — Non fare il vigile, mi raccomando!

Mi ritrovai così, tutta rigida e con la gola che grattava, fino a che al terzo acuto mi uscì una specie di suono che non era quello previsto. Mi fecero i complimenti ma io ero stradepressa... avevo un'occasione e me l'ero giocata...

Non mi prenderanno mai.

— Tranquilla, Jess — mi dissero per consolarmi. — Puoi sempre ritornare l'anno prossimo, no? Sei giovane, avrai mille altre opportunità... e chi se ne frega di Sanremo, in fondo! Ricordati che anche Vasco una volta è arrivato ultimo.

Sì, però è arrivato ultimo a Sanremo. Non alle selezioni di Sanremo. 0_0

Poi più veloce della luce arrivò il 4 febbraio, il giorno del responso finale: alle quattro in punto sarebbero usciti i risultati e finalmente l'incubo sarebbe, in ogni caso, finito. Nel frattempo mi dissero che qualcuno in una casa editrice, si era interessato alla mia storia e che voleva che la raccontassi in un libro. Mah...

Alle 15.59 accesi il computer e andai dritta sul sito del festival. Niente.

macchissenefregadisanremo, chissenefregadisanremo
16.00 Niente.
chissenefregadisanremo, chissenefregadisanremo
16.01. Niente.
chissenefregadisanremo, chissenefregadisanremo

A casa eravamo in tanti, quel giorno, sembrava un po' Natale: io, la mamma, la nonna e gli zii americani, in vacanza a Grosseto per un po'. L'atmosfera era quella che si respira fuori da una sala parto, tutti agitatissimi, anche gli zii americani che in verità di Sanremo non avevano mai nemmeno sentito parlare.

chissenefregadisanremo, chissenefregadisanremo
E successe una cosa che non mi dimenticherò mai.
16.02'.00" vedo la mia foto nel sito del festival.
16.02'.05" penso: "Ok queste sono le canzoni di tutti, ma ora metteranno il comunicato finalisti e la mia foto scomparirà come per magia."
16.02'.15" mi accorgo che sopra la mia foto c'è scritto **NUOVA GENERAZIONE - COMUNICATO FINALISTI**.
16.02'.30" guardo la foto, poi rileggo sopra. Poi riguardo la mia foto e poi rileggo sopra.

16.02′.38″ Caccio un urlo che Tarzan se mi avesse sentito mi avrebbe sposata all'istante. 0_0

Il salotto di casa nostra all'improvviso si trasformò in una specie di manicomio dove piangevano tutti. La mamma e la nonna piangevano e anche gli zii, che fra le lacrime decisero di immortalare la scena con la loro telecamerina e il telefono cominciò a squillare e poi mi dissero di stare ferma e seduta ma io proprio non ce la facevo. Mi venne da piangere ma non mi uscivano le lacrime. E avevo mal di stomaco e voglia di uscire e correre e urlare.

Don't Stop Me Now
Queen

— *Mi hanno presa a Sanremo!*
— *Evvaiiiii!*

Sono state strane le giornate sanremesi, lunghe e brevi allo stesso tempo. Ti svegliavi al mattino e in un attimo era già sera. Giornate stancanti ma piene di emozioni, scandite da un mare di interviste e di fotografi.

Ha piovuto quasi ininterrottamente, e noi abbiamo passato la maggior parte del tempo in albergo, con i giornalisti che facevano avanti e indietro, tutti per sapere più o meno le stesse cose:

Come ci si sente a Sanremo a quindici anni?
Che musica ascolti?
Sei emozionata?
Di cosa parla la tua canzone?
Qual è il tuo sogno nel cassetto?
Che effetto fa il palco dell'Ariston?
Come vai a scuola?
Gli amici cosa dicono?

Eccetera eccetera eccetera.

Io cercavo di rispondere sempre bene a tutti. All'inizio ero agitata ma piano piano cominciai a prenderci la mano. La radio e la TV fino a poco tempo prima non facevano parte della mia vita e anche in quel momento non sapevo ancora dire se mi piacesse oppure no vedermi, sentirmi, leggere quello che scrivevano su di me i giornali.

Cercavo di divertirmi e basta e ripensavo alla prima volta che ero andata in televisione, a come era stato diverso.

La prima volta che sono andata in TV ero con Kledi ai "Raccomandati" e Jessica Brando ancora non esisteva.

Jessica Vitelli invece sì e aveva veramente tantissima paura. Avevo undici anni e Kledi aveva deciso di portarmi con sé.

La cosa tragica era stata che mi avevano fatto mettere i pantaloni della tuta che usavo per andare a danza e una magliettina rosa che mi faceva sentire ancora più bambina. Mi sentivo stra in imbarazzo... era la prima volta che andavo in televisione e dovevo andarci così?

Prima di entrare in scena ero agitatissima e anche se Kledi aveva fatto di tutto per calmarmi, io ero davvero agitatissima. Poi mi sono accorta che avevo meno paura a ballare che a cantare, perché c'era lui con me e sentivo il suo sostegno. E poi, anche lì come sempre... ero la piccola! Avevo vinto la puntata alla fine, ma non avevo potuto partecipare al finalone perché... ero troppo piccola! Una maledizione che da lì a poco avrei sperimentato di nuovo. ;)

Poi c'era stato "Il senso della vita", il programma di Paolo Bonolis e, un anno dopo, la promozione del disco mi aveva portata al "Chiambretti Night", a TRL e in un sacco di altre TV locali, oltre che nelle varie radio.

Io non sapevo dove mi avrebbe portato la musica, e a dir la verità non lo so nemmeno adesso. Quello che so è che ho sempre pensato che fosse il mio piano B.

Il mio piano A era e continua a essere un altro: laurearmi in Medicina in America e fare la ricercatrice. La musica è un'avventura alla quale non voglio rinunciare e che cerco di vivere come un'esperienza, niente di più.

Per me Sanremo non è solo a Sanremo, è anche un po' a Roma e a Milano e anche un po' a Grosseto. A casa mia perché è il mio nido, il posto che amo di più sulla faccia della terra. È qui che in verità mi sono preparata mentalmente e praticamente, è qui che canto e imparo le canzoni.

Se non ci fosse Grosseto, Jessica Brando non esisterebbe.

La mia camera, il mio computer, i poster di Frank Sinatra e Marlon Brando che mi proteggono dai muri della mia stanza. Milano è la EMI, una seconda famiglia, la città dove vivono le persone che stanno credendo in me.

Milano è, fra l'altro, lo show room di D&G, un posto incredibile dove ho provato decine di vestiti prima di trovare quello giusto per l'Ariston e dove per un pomeriggio intero mi sono sentita davvero una principessa (c'è anche un video su YouTube!).

Roma è la città che mi ha premiata dandomi l'opportunità di andare a Sanremo ed è anche la città dove ho fatto le mie prime prove con *Dove non ci sono ore* accompagnata dall'orchestra, un'emozione grandissima che solo a ripensarci mi viene la pelle d'oca.

E Sanremo è... l'hotel Paradiso e la stanza che divido con mamma e nonna Anna, i furgoni davanti al teatro con le radio e le TV e... il teatro Ariston, che è piccolissimo, la metà di quanto mi immaginassi. Me l'avevano detto tutti ma non credevo così tanto! Salire su quel palcoscenico, anche solo per le prove, è stata una sensazione stranissima. Prima di me dovevano cantare Irene Fornaciari, Marco Mengoni e Valerio Scanu.

Irene è bravissima e quando l'ho vista passare con Zucchero accanto mancava poco che mi venisse un colpo.

Marco lo volevo andare a conoscere perché secondo me è il numero uno, ma sono troppo timida e proprio non ce l'ho fatta.

Valerio invece è un mio amico, siamo tutti e due alla EMI e la sua canzone mi piaceva da morire, tanto che dopo cinque minuti la stavo già cantando. Meglio così, per scaldare la voce è perfetta.

Devo ricordarmi la stellina sul pavimento, perché è lì che dovrò stare!

Dove non ci sono ore
Jessica Brando

Sono nata il 6 dicembre 1994 alle nove di sera.
Sagittario ascendente Leone, fuoco ascendente fuoco, quindi sono "una combinazione esplosiva di forza e determinazione, una persona dotata di grande forza di volontà, solare e ottimista, una che se si prefigge un obiettivo non si ferma davanti a niente".

La mamma dice semplicemente che sono una piccola iena.

Stasera è diverso e più che una iena mi sento una quindicenne a rischio attacco di panico, non so che ore sono, non so più neanche perché sono qui, cerco di non perdere la concentrazione ma sono stanca, sono troppe ore che aspetto e non ce la faccio più. Mi passano davanti Renga, Elisa, Fiorella Mannoia, Carmen Consoli, dopo di loro ci sono io. Sono la più piccola dei giovani e mi esibisco prima di tutti. Ora basta, ho solo voglia di uscire sul palco e cantare la mia canzone. È per questo che sono qui, no? Dentro di me la sento già, le parole si rincorrono nella mia testa e di certo non le lascerò andare proprio ora.

> *Io so come sei e anche come ti inganni*
> *Con un flusso sai divorare i silenzi*
> *Il cuore che non sa stare al posto suo*
> *E guardare soltanto le immagini di chi chiede aiuto*
> *Ma sembra sempre troppo lontano da te*
> *Resterai se ti chiederò di cercare sempre*
> *Al di là delle apparenze*
> *Del mondo che c'è qua...*

È proprio bella, sono felice che sia la mia. Parla di un amore a distanza con tutte le sue difficoltà, di luoghi dove il tempo non esiste, dove non ci sono ore. Anche per me è così adesso, anche qui il tempo non esiste più... anche qui non ci sono ore.

— Jessica, dobbiamo dirti una cosa...

— Vi sembra il momento?

La mamma e Gabro mi vengono incontro. Ma cosa mi dovranno mai dire? Qualunque cosa sia me la possono dire DOPO.

Sento partire la mia canzone e comincio a correre. Oddio, sono in ritardo. Mi hanno chiamata e non ho sentito. Che figura! Arrivo, arrivo, sto arrivando. Dai Jess, corri, corri, fai presto, meno male che non ho i tacchi, a questo punto sarei già morta... orchestra fermati, Umberto, perché li hai fatti partire senza di me?

Aspettate, sto arrivando...

> *Senza più un cielo di chilometri*
> *Il passo è un volo per rinascere qui*
> *È un altro mondo dove non ci sono ore*
> *Non c'è mai niente che muore...*

Senza nemmeno rendermene conto vado a sbattere contro un tecnico nel backstage.

— Ehi, dove stai cercando di andare? Non puoi più passare, è tardi.

— Appunto! È tardissimo, è partita la mia canzone, devo andare!

— No, è tardi nel senso che è troppo tardi. È passata la mezzanotte e ormai stanno già mandando in onda un video delle tue prove. Stasera non puoi cantare. Mi dispiace.

> *Sei vicino a me ma ti sento distante*
> *È una cosa che se la tocchi si rompe*
> *Le nostre lacrime, sono giorni che*
> *Che ti passano accanto...*

In che senso non posso cantare? Perché? Ma io sto già cantando, questa è la mia voce... ma cosa sta succedendo?

La mamma viene da me e mi abbraccia, forse sta cercando le parole giuste per spiegarmi cosa è successo davvero. Ma non le trova.

— Jess, mi dispiace. Non te la prendere. Era questo che stavamo cercando di dirti.

E perché allora non mi hanno fatto cantare prima degli altri? Sono nervosa, arrabbiata, ma talmente tanto arrabbiata che non mi viene neanche da piangere, vorrei solo andare su quel benedetto palco e chiedere perché, se sono l'unica minorenne, non mi hanno fatto esibire prima. Non è mai successo nella storia del Festival di Sanremo. E dovevo arrivare io? Provo a pensare a Vasco che è arrivato ultimo ma purtroppo poi mi viene in mente che lui era arrivato ultimo ma prima si era esibito. Io no.

> *Cerchi fuori*
> *Com'era amare, cos'era dare*
> *Com'è volare più in alto da qui*
> *L'orologio per archiviare, dimenticare*
> *Sfilarsi il mondo che è un guanto*
> *E cambi solo tu...*

Eccomi qui, vestita di tutto punto con il mio abito verde D&G che nessuno ha visto né vedrà mai. Nel video che stanno mandando in onda sono struccata e con dei vestiti normalissimi. Oddio, che vergogna. Solo a me poteva capitare. Lo sapevo che non poteva andare tutto liscio, me lo sentivo.

Jessica Brando, l'unica cantante che va a Sanremo e non canta.

Questo non è un sogno, questo è un incubo. La Fame

di Camilla e Tony Maiello sono lì con me. Nemmeno loro ci credono che stia succedendo tutto questo. Io sono come ipnotizzata, guardo lo spettacolo nella TV dentro il mio camerino e aspetto i risultati del televoto. C'è di buono che domani torno a casa, ma insomma…

— Senza troppe smancerie, vi dico chi sono i giovani che passano alla serata di domani, alla loro finale… a sorpresa Jessica Brando con *Dove non ci sono ore*! Avete visto, è la ragazzina di quindici anni che non ha potuto essere sul palco stasera… Evidentemente il pubblico a casa ha voluto premiarla in qualche modo. È invece con noi l'altro finalista, Tony Maiello, con *Il linguaggio della resa*.

Ho capito, finisco nel Guinness dei primati. Ora davvero non ci capisco più niente. Non ho cantato, ma sono in finale. Quindi ho ancora una possibilità. Domani.

Dammi un respiro, una scusa per restare
Mi chiami vita perché è il nome mio
Non c'è una porta non c'è un addio
Domani sarà pure un altro giorno si vedrà
Ora sono un nome ma non sono più io.

La canzone continua a cantare dentro la mia testa per tutta la notte mentre leggo e rileggo tutti gli sms che mi sono arrivati…

Caterina: Jessi, ti giuro mi hai fatta piangere! Sei stata FANTASTICA! Ti voglio bene! :)

Linda: Sei stata bravissima ieri, Jess! Ma come va? Le interviste ti stanno stressando troppo ehhh! XD

Riccardo: Bella e brava la mia Jessica! Ti amooo! <3 =)

Alice: Grazie per la bella serata e le emozioni che ci hai fatto provare. Ho perfino pianto! =) ti voglio bene!

Ilaria: Brava amore mioooo!

Pietro: Jess, anche se era una registrazione sei riuscita a farmi emozionare... Grazie. <3

Zia Lia: Meravigliosa! La mia stella che brilla di luce propria! Zia ti manda un bacio, è troppo felice per te!

Richard: *Today I'm coming home earlier 4 u. The moon is smiling. Tonight u must shine more than usual. Maybe destiny made me know the winner of Sanremo. Always proud.*

Il giorno dell'esibizione sono stanchissima.

La notte per la tensione non ho chiuso occhio e sono stata al telefono con il mio migliore amico fino alle sei di mattina. Non sto scherzando. Dopo quello che è successo ho passato tutto il giorno a fare interviste di ogni tipo. Come ti sei sentita in quel momento? Hai pianto? Ti senti la Cenerentola di Sanremo eccetera eccetera.

Ora ho un po' voglia di tornare a Grosseto. La mia casa, il mio letto e il mio computer!

Io non sono scaramantica, ma oggi, data la sfiga di ieri sera, ho deciso di regalare un orologio ad Antonella Clerici... :) e soprattutto di essere un po' scaramantica.

Non solo sono vestita come ieri, ma ho obbligato anche la mamma a mettersi le stesse identiche cose di ieri. Stessa pettinatura. Stessa sedia del trucco e parrucco.

Prima di me c'è Jennifer Lopez che canta e balla in mezzo a chili di coriandoli quindi è abbastanza logico che io scivoli e cada a terra quando toccherà a me.

Sono ancora più agitata di ieri. Sono nervosa esattamente il doppio.

Ecco a voi, Jessica Brandoooo!

Jess, stavolta è vero. Mi raccomando la stellina in mezzo al palcoscenico. È lì che devi andare. Alzati il vestito, tutti devono vedere che... non hai i tacchi! Ho caldissimo, cerco di non guardare il pubblico. Jess, sei sola, stai tranquilla, canti da sola, ok. Non avere paura. Umberto mi sorride. Sono pronta. Non deve finire mai questo momento, voglio restare qui per sempre.

Qui, dove non ci sono ore.

"Jessica è forte e fragile allo stesso tempo; riempie lo spazio con questa sua miscela naturale, non ha bisogno di particolari orpelli, vestiti eccentrici né cornici artificiose, emana già da sé una forte personalità accompagnata a una voce, un corpo, una versatilità e un carattere impressionanti. Sono certa che sarà via via più apprezzata man mano che esprimerà con sempre più consapevolezza le proprie potenzialità artistiche. La peculiare maturità di Jessica è data nel suo caso, più che dall'esperienza, dallo speciale spessore umano che fa di lei una persona, nonché un'artista, di grande valore."

Valeria Rossi, cantautrice

Musica in pillole

Dammi un respiro, una scusa per restare
Mi chiami vita perché è il nome mio
Non c'è una porta non c'è un addio
Domani sarà pure un altro giorno si vedrà
Ora sono un nome ma non sono più io.

Dove non ci sono ore

Il jazz, ovvero troppe note

Il jazz non è morto
ha solo un odore un po' curioso.
Frank Zappa

«Cos'è il jazz? Amico, se lo devi chiedere, non lo saprai mai.»

Con queste parole Louis Armstrong era solito liquidare chi gli chiedeva di spiegare cosa fosse per lui il jazz. Perché una definizione vera e propria non esiste e lui lo sapeva bene. È un genere musicale vivo, palpitante, emozionale, in continua evoluzione e anche di difficile definizione, a partire dal nome, di origine sconosciuta.

Alcuni sostengono provenga dalla parola africana "jasi" ovvero "vivere a un ritmo accelerato" o dall'inglese "jasm", energia. Secondo altri deriva addirittura da "jazz-belles", termine sconcio con cui venivano chiamate le prostitute di New Orleans un centinaio di anni fa. Perché è proprio lì, a New Orleans, che è nato il jazz all'inizio del Novecento, nella città dove in quegli anni si incontrano influenzandosi a vicenda la musica africana, espressione degli schiavi di colore, e quella della tradizione europea, dando vita a un genere inedito contaminato da blues, ragtime, improvvisazione, musica classica, canti religiosi e canzoni folkloristiche europee.

Il jazz, appunto.

Nel corso di tutto il Ventesimo secolo il jazz si è trasformato, evolvendosi in una gran varietà di stili e sottogeneri: dal dixieland di New Orleans dei primi anni allo swing delle big band negli anni Trenta e Quaranta, dal bebop al cool jazz e all'hard bop degli anni Cinquanta, dal free jazz degli anni Sessanta alla fusion degli anni Settanta, fino alle contaminazioni con il funk e l'hip hop dei decenni successivi.

È una musica che si inventa sul momento, basata esclusivamente sull'improvvisazione. Non ci sono quasi mai compositori che la scrivono prima, ma sono gli esecutori stessi a scegliere le note "in diretta" mentre suonano, a improvvisare partendo da un tema iniziale ed effettuando variazioni in maniera del tutto imprevedibile anche in base al proprio stato d'animo. Anche per questo motivo si tratta di un linguaggio non soltanto estremamente vivo («Il jazz è una musica con troppe note» ha detto qualcuno), ma anche colto e che per essere eseguito e capito a fondo richiede una notevole tecnica e una conoscenza musicale approfondita.

IL JAZZ, OVVERO TROPPE NOTE

E nonostante il suo linguaggio sia praticamente universale, ancora oggi è poco diffuso e molti lo considerano un oggetto misterioso se confrontato con gli altri generi musicali.

Fra i principali musicisti che hanno contribuito alla sua diffusione, ecco alcuni pochi ma essenziali grandi nomi: Louis Armstrong, trombettista e cantante, uno dei principali esponenti del jazz di New Orleans; Benny Goodman, clarinettista e icona dello swing anni Trenta; Dizzy Gillespie e Charlie Parker, fondatori negli anni Quaranta del bebop, un jazz veloce con molta più improvvisazione; Miles Davis, compositore e trombettista, uno dei più grandi di tutti i tempi; John Coltrane, il sassofonista che negli anni Sessanta ha aperto la porta alla libera improvvisazione e a influenze provenienti da tutto il mondo.

Il blues o i diavoli blu

*Il blues dev'essere grezzo e intenso
e sgorgare spontaneo dalle viscere.*
B.B. King

"To have the blue devils", avere i diavoli blu, era l'espressione con cui i bianchi descrivevano il canto dei neri d'America a fine Ottocento.

Al colore blu erano associate, infatti, la malinconia, la depressione e la disperazione degli schiavi impegnati in lavori massacranti nelle piantagioni di cotone; la musica era l'unico mezzo rimasto loro per scacciare la tristezza ed esorcizzare il "demone blu". L'incontro di diverse culture, il bisogno comune di esprimere il proprio dolore e il tentativo di farsi forza sono dunque terreno fertile per la nascita delle *work songs*, le "canzoni da lavoro".

All'inizio è una specie di cantilena ritmata senza parole che permette agli schiavi provenienti da diverse po-

polazioni africane di parlare una specie di lingua tutta loro senza farsi capire dall'oppressore bianco e, attraverso il canto, di sopportare meglio la fatica.

Con l'avvento del Cristianesimo e la conseguente alfabetizzazione, le work songs diventano spiritual songs; il miglioramento delle condizioni sociali permette alla popolazione nera di esprimersi anche fuori dei campi e dalle chiese e di accompagnarsi con uno strumento, di solito il banjo, la chitarra o l'armonica a bocca.

È così che nasce il blues, un genere musicale oggi molto diffuso ma che conserva le proprie radici ed esprime ancora i temi della malinconia e della speranza di rivalsa. Si basa sulle emozioni, è realista e onesto, utilizza uno stile semplice e immediatamente riconoscibile.

Parla della vita così com'è, nuda e cruda, senza idealismi: l'amore è passione, la morte è fine della vita. Qui troviamo campi, treni, carceri, storie di amori infranti e amicizie tradite.

È considerata la musica del cuore, ma anche la madre di molti altri generi e ha un'importanza fondamentale perché da essa, infatti, derivano rock 'n' roll, soul, funk, punk e rap.

Uno dei massimi esponenti del "delta blues", il movimento degli esordi del blues nel delta del Mississippi, è Robert Johnson, un chitarrista morto a soli 27 anni, mentre B.B. King (Blues Boy King) con la sua chitarra Lucille – una Gibson ES-335 – è una delle icone assolute del blues.

Il padre della scuola di Chicago, Muddy Waters, ha avuto il merito di traghettare il blues acustico delle origini a una forma più evoluta, fonte di ispirazione per tutti gli artisti successivi, da Eric Clapton a Stevie Ray Vaughan.

Eric Clapton, chitarrista e cantante, si è guadagnato molti appellativi: The Man of The Blues (L'uomo del Blues), Slowhand (Mano lenta), e addirittura God (Dio). È stato anche fonte di ispirazione per moltissimi musicisti successivi.

Di fondamentale importanza anche Jimi Hendrix, considerato da "Rolling Stone Magazine", e non solo, il più grande chitarrista di tutti i tempi. Vero e proprio mito, ha cambiato il modo di intendere e suonare la chitarra elettrica, diventando così il precursore del rock e dell'hard rock.

Infine il chitarrista Stevie Ray Vaughan, scomparso prematuramente all'età di 36 anni, è stato uno dei nomi più influenti del blues negli anni Ottanta.

Il soul, la musica dell'anima

*Per risolvere la maggior parte dei problemi
bisogna fare una cosa sola: mettersi a ballare.*
James Brown

Fra sacro e profano, diavolo e acqua santa, la soul music ("musica dell'anima") nasce dall'incontro di due generi musicali molto in voga negli anni Cinquanta: il gospel, ovvero la musica suonata nelle chiese dei neri d'America, molto attenta soprattutto all'esecuzione vocale e il rhythm and blues (R&B), incentrato invece sul ritmo, e noto per trattare temi poco spirituali e molto terreni come donne, amori, tradimenti e denaro.

Il risultato di questo accostamento apparentemente anomalo è ciò che rende il soul così seducente: la musica afroamericana infatti, laica o meno che sia, contiene sempre una forte carica religiosa e spirituale e non è strano che vengano avvicinati temi riguardanti il mondo religioso ad aspetti profani e persino sessuali. Le ritmiche grezze e i testi vivaci rubati alla quotidianità del rhythm and blues si sposano in maniera naturale con le armonie e l'emotività tipica della voce gospel e da questa unione nasce una sonorità orecchiabile ma allo stesso tempo calda e coinvolgente.

Esempio lampante dell'interazione tra i due stili è James Brown, the Godfather of Soul, cantante R&B e gospel negli anni Cinquanta e figura importantissima per la nascita e lo sviluppo del soul prima e del funk poi.

Altro personaggio fondamentale è il cantante e pianista americano Ray Charles che con i suoi inconfondibili occhiali scuri (a causa della cecità che lo ha colpito dall'età di 5 anni) e un sorriso perennemente stampato sul viso, diventa famoso grazie alla hit *I've Got a Woman*. Il successo di questo nuovo genere cresce di pari passo con quello della Atlantic, etichetta discografica sia di Ray Charles che della grande Aretha Franklin, cantautrice e pianista nota ovunque come The Queen of Soul. Grazie alle sue straordinarie doti vocali e alla facilità con cui riusciva ad aggiungere una vena soul a qualsiasi pezzo musicale, la sua voce è stata addirittura dichiarata ufficialmente "una meraviglia della natura" dallo stato del Michigan.

Aretha Franklin, James Brown e Ray Charles, oltre a essere considerati le colonne portanti della soul music, compaiono anche nel film di culto *The Blues Brothers* con John Belushi e Dan Aykroyd, esibendosi ciascuno in una diversa canzone. Anche loro, come molti dei maggiori interpreti della musica soul, hanno mosso i primi passi all'interno dei luoghi sacri per poi calcare

IL SOUL, LA MUSICA DELL'ANIMA

i maggiori palcoscenici del mondo, e tra gli anni Sessanta e gli anni Settanta portare la musica nera a raggiungere una notorietà a livello internazionale.

E proprio dal soul deriveranno in seguito anche il funk, la disco music e il rap.

Il musical:
Hair, *Grease* e altre storie

> *Don't dream it. Be it.*
> **The Rocky Horror Picture Show**

Prendete un cantante, truccatelo per bene e mettetegli una parrucca. Insegnategli a ballare e possibilmente anche a recitare un po'. Ecco a voi il musical, una miscela perfetta di teatro, danza, musica e canzoni orecchiabili. E una storia, naturalmente, con un inizio e una fine, che faccia ridere o piangere.

Il primo musical vero e proprio nasce quasi per caso negli Stati Uniti nel 1866 dall'incontro di una compagnia di canto e ballo che non aveva più un teatro in cui esibirsi, con un gruppo di attori di prosa in notevoli difficoltà economiche. Come spesso accade, l'unione fa la forza e dalla fusione di queste due realtà sull'orlo del fallimento nasce *The Black Crook*, una strana opera di prosa che presentava le caratteristiche base del musical: c'erano attori che facevano anche i cantanti e ballerini che provavano anche un po' a recitare. Un vero trionfo, i cui ingredienti sono sostanzialmente due: storia semplice ed avvincente e canzoni orecchiabili. È facile comprendere come finalmente il musical avvicina al teatro anche un pubblico non propriamente colto, quello che di solito si teneva ben lontano dagli spettacoli di prosa. La casa del musical è a Broadway, ma negli anni Venti alcuni spettacoli di successo debuttano nei teatri di Londra, che nel giro di qualche decennio si afferma come capitale europea del genere e lo rimane fino ai giorni nostri.

Con il passare del tempo, le storie rappresentate sul palco somigliano sempre di più alla realtà, la musica subisce gli influssi del jazz e del blues e negli anni Sessanta fa capolino un nuovo genere di rappresentazione che sbanca ancora oggi i botteghini di tutto il mondo: l'opera rock.

A quello teatrale si affianca sul finire degli anni Venti un nuovo genere di spettacolo: il musical cinematografico, il cui primo esempio di una certa importanza è *Il cantante di jazz*. Nello stesso periodo la Warner dà il via alla produzione di altri film con le stesse caratteristiche: canzoni, balletti, dialoghi e accompagnamento sonoro.

Danza e canto tuttavia scompaiono presto dalle produzioni di massa facendo diventare il musical cinematografico un genere a sé stante nel cui cast ci sono ballerini famosi ma anche star del grande schermo fra cui Fred Astaire e Ginger Rogers. E se negli anni Sessanta

IL MUSICAL: HAIR, GREASE E ALTRE STORIE

il musical cinematografico sembra destinato ad andare in pensione, rinasce a nuova vita negli anni Settanta: *Jesus Christ Superstar*, *Hair* e *The Rocky Horror Picture Show* vengono portati sul grande schermo.

È di questo periodo il musical forse più famoso: *Grease*. Negli anni Ottanta il ballo prende il sopravvento sul canto, *Staying Alive*, *Flashdance* e *Footloose* fino ad arrivare a *Dirty Dancing*. Il musical cinematografico è uno spettacolo in voga tutt'oggi e il genere è diventato quasi una mania per i giovani, grazie al grande successo di *High School Musical* della Disney.

Il rock,
la rivolta che diventa moda

*Il rock 'n' roll ha una sorta di aura
di rivoluzione permanente,
senza tempo, di sfida a tutto,
inclusa la natura stessa.*
John Waters

Lo sanno tutti, una vera rock band per essere tale deve essere formata da un cantante, una o più chitarre, basso e batteria. Stop. Perché il rock è prima di qualunque altra cosa un'esperienza visiva, uno spettacolo, una vera e propria esperienza collettiva e i suoi sostenitori si riconoscono nelle canzoni al punto da farne delle linee guida nella definizione della propria identità. Gli artisti sono dei veri e propri idoli portatori di un messaggio e di uno stile di vita e hanno il compito di soddisfare le aspettative e i bisogni dei propri fan.

Questo genere musicale nasce dopo la Seconda guerra mondiale, in un'America dove i giovani sono irrequieti e alla ricerca di una nuova identità. È proprio questo il periodo di Elvis Presley, ciuffo e look anticonvenzionale, originale perfino nelle movenze, negli atteggiamenti provocatori, nelle canzoni orecchiabili con testi semplici e divertenti.

E anche se viene etichettata come musica comunista, nera e oscena, l'onda nuova del rock negli anni Sessanta arriva in Inghilterra e attecchisce soprattutto a Londra e a Liverpool, città rispettivamente di Rolling Stones e Beatles, fenomeni musicali e sociali che rivoluzionano il modo di vestire di mezzo mondo, trasformandosi nell'emblema del bisogno di aggregazione dei giovani del tempo.

Nello stesso periodo Bob Dylan spopola negli States unendo la poesia al folk rock, il tutto nella cornice di una sempre maggiore sensibilità politica. La sua *Blowing In The Wind* diventa l'inno del pacifismo militante e Bob Dylan una delle pietre miliari del rock. Poi arrivano gli anni Settanta "sesso, droga e rock 'n' roll" e con loro Janis Joplin, Lou Reed, Jim Morrison e Jimi Hendrix, lo scardinamento delle convenzioni sociali e la ricerca di nuovi ideali, i figli dei fiori e la psicadelia, i Pink Floyd e David Bowie.

Se negli anni Settanta il rock raggiunge il suo punto più alto, negli anni Ottanta soffre di una crisi d'identità: i confini con il pop si assottigliano e altri generi musicali come l'hip hop, il rap e la dance entrano prepotentemente sulla scena musicale.

Oggi il rock non è morto, è semplicemente contaminato ma anche completato da numerose altre influenze. Non è più il rock nudo e crudo, quello puro degli esordi, ma continua a rotolare, eccome. Ciò che ne emerge sempre è lo spirito: il desiderio di ribellione e di autoaffermazione che non lo abbandoneranno mai.

Per saperne di più su...

Marlon Brando

Omaha (Nebraska), 3 aprile 1924
Los Angeles, 2 luglio 2004

Non è un nome d'arte quello di Marlon Brando, unico figlio maschio di un rappresentante di materiali edili e di un'attrice di teatro e fratello di Frannie e Jocelyn, attrice e artista. Questo cognome a noi suona italiano ma dicono potrebbe derivare anche dal francese Brandeau o dal tedesco Brandau, in ogni caso dall'antico germanico "brand", che significa semplicemente "spada".

Cresciuto in Nebraska, dopo essere stato cacciato dalla Shattuck Military Academy, poco più che adolescente raggiunge le sorelle a New York dove decide di frequentare un corso di recitazione. In fondo è sempre stato bravo a recitare, sin da piccolo, ed è l'unica cosa che sa fare davvero.

Nel 1944 debutta a Broadway e solo tre anni più tardi trionfa in teatro nei panni di Stanley Kowalski, protagonista di *Un tram chiamato desiderio*, ruolo che nella versione cinematografica a breve lo renderà famoso ed amato in tutto il mondo, soprattutto dalle donne!

È una carriera lunghissima, piena di alti e bassi, quella di Marlon "Bud" Brando. Bello e dannato, ribelle e tenebroso, amato non solo dal pubblico ma anche dagli attori, tanto che Al Pacino ha dichiarato: «Recitare con lui è come recitare con Dio.» Ma non è tutto oro quello che luccica e anche se negli anni Cinquanta ottiene successo e ricchezza, la sua vita privata è disastrosa. Ha un debole per il denaro e per le donne, continua ad accettare parti poco prestigiose perché «non ho il coraggio di rifiutare tutti quei soldi», si sposa tre volte e riconosce come suoi un numero imprecisato di figli. Due disgrazie familiari lo segnano per sempre: il suicidio della figlia Cheyenne e l'accusa di omicidio per Christian, il suo figlio prediletto, finito in prigione per l'assassinio dell'amante della sorellastra. Si ammala, sfiora i centocinquanta chili, ha una vita sregolata e dissoluta e nonostante i cachet miliardari, si ritrova spesso sul lastrico.

Il 1972 è un anno magico per lui: *Il padrino* gli vale il suo secondo Oscar (il primo risale al 1954 con *Fronte del porto*) mentre *Ultimo tango a Parigi* (sempre del 1972) lo consacra di nuovo come leggenda del cinema. Negli anni Ottanta e Novanta continua a recitare soprattutto per motivi economici e il suo ultimo film è del 2001, *The Score*. Stroncato da un collasso polmonare, muore squattrinato sulle colline di Los Angeles il 2 luglio 2004.

Segni particolari
Brutale e attraente, virile e violento, seduttivo e pericoloso

Soprannomi
Da bambino lo chiamavano Bud, negli ultimi anni invece era diventato The Godfather of Bellies, ovvero "il Padrino delle Trippe", per la quantità di cibo che riusciva a ingerire.

I suoi film più famosi
Un tram chiamato desiderio (1951), *Fronte del porto* (1954), *Bulli e pupe* (1955), *I giovani leoni* (1958), *Il padrino* (1972), *Ultimo tango a Parigi* (1972), *Apocalypse Now* (1979)

Curiosità
La sua firma valeva talmente tanto che molti hanno preferito vendere i suoi assegni ai collezionisti invece di incassarli.

Nel 1996 gli è stato assegnato un Razzie Awards nella categoria "Peggior attore non protagonista", per la sua interpretazione del dottor Moreau in *L'isola perduta*.

Era molto amico di Michael Jackson e ha interpretato il ruolo di un boss criminale nel video della canzone *You Rock My World*. Leggende metropolitane dicono che ci siano film in cui è stato pagato anche un miliardo al minuto.

Per il piccolo ruolo interpretato nel film *Superman* (1978), ha ricevuto più soldi di quanti ne abbia guadagnati il protagonista Christopher Reeve.

Molte canzoni parlano di lui:
Latin Lover (Gianna Nannini), *Marlon Brando è sempre lui* (Ligabue), *China Girl* (David Bowie), *Advertising Space* (Robbie Williams), *Vogue* (Madonna), *Pocahontas* (Neil Young), *Goodbye Marlon Brando* (Elton John), *It's Hard to Be a Saint in the City* (Bruce Springsteen), *I'm Stuck in a Condo with Mr. Marlon Brando* (The Dickies), *The Ballad of Michael Valentine* (The Killers)

Frasi celebri
Comprendere il pieno significato della vita è il dovere dell'attore, interpretarlo è il suo problema, ed esprimerlo è la sua passione.

L'attore è uno che se non stai parlando di lui non ti ascolta.

Girare un film è il mio passatempo, il resto del tempo è la realtà per me. Non sono un attore, e non lo sono stato per molti anni, sono un essere umano, spero interessante e intelligente che, occasionalmente, recita.

Sono troppo sensibile. Se ci sono duecento persone in una stanza e so di non piacere a solo una di queste, me ne vado.

Ella Fitzgerald

*Newport News (Virginia), 25 aprile 1917
Los Angeles, 15 giugno 1996*

Il 25 aprile 1917 nasce una delle più grandi cantanti jazz di tutti i tempi: Ella Fitzgerald. Trasferitasi con la madre Temperance (detta Tempie) in una cittadina dello stato di New York dopo la separazione dei genitori, Ella è una bambina socievole e un po' mascolina, gioca a calcio con i ragazzi del quartiere e, quando può, corre agli spettacoli dell'Apollo Theatre di Harlem, il quartiere nero di New York.

La morte improvvisa della madre sconvolge la sua vita. Ormai quindicenne, fugge da scuola e poi dal riformatorio e a diciassette anni si avvicina al mondo della musica partecipando al talent show *The Amateur night* presso l'Apollo Theatre.

Si racconta che quella sera Ella volesse ballare ma che, bloccata dall'emozione, all'ultimo minuto abbia improvvisato una della canzoni preferite da sua madre: *Judy* di Hoagy Carmichael.

La sua voce è divina, il pubblico entusiasta vuole il bis e Benny Carter, il sassofonista dell'orchestra che la accompagna, decide che la ragazza ha tutte le carte in regola per sfondare e le dà una mano per farsi conoscere dalla gente "giusta".

Il famoso percussionista Chick Webb le chiede di cantare nella sua band e con lui nel 1936 registra il primo disco *Love and Kisses*. Il successo vero arriva nel 1938 con *A-Tisket, A-Tasket*, un vero trionfo: l'album rimane saldo nelle prime posizioni di tutte le classifiche per settimane e vende un milione di copie. Grazie all'aiuto del suo manager Norman Granz, Ella piano piano si fa spazio fra i grandi nomi della musica del suo tempo affermandosi nel giro di qualche anno come una grande star internazionale.

Non è facile negli anni Cinquanta per una cantante di colore essere accettata e in molti locali gli artisti neri vengono discriminati: nella peggiore delle ipotesi non sono ammessi oppure vengono fatti passare da un ingresso riservato a loro.

Nella sua lunga carriera Ella canterà con Duke Ellington, Nat King Cole, Frank Sinatra e Louis Armstrong... Niente la può fermare, per lei la musica è tutto: «The only thing better than singing is more singing» diceva.

Vita privata e salute nel frattempo ne risentono pesantemente: moglie distratta e madre assente, nel 1952

ELLA FITZGERALD

si separa dal bassista Ray Brown, suo secondo marito, con il quale aveva adottato un bambino, Ray Jr, e condiviso un bel pezzo della sua storia. Ha problemi di vista, soffre di diabete e il suo cuore è fragile.

Negli anni Ottanta i giornali la dichiarano un'artista finita e lei per tutta risposta torna sul palcoscenico, la sua unica e vera casa, l'unico posto in cui non ha paura di niente e di nessuno.

Dopo più di cinquant'anni di carriera, duecento album e migliaia di canzoni, nel 1991 tiene il concerto conclusivo di tutta la sua carriera alla Carnegie Hall di New York. Muore nella sua casa di Beverly Hills il 15 giugno 1996 a 79 anni.

Segni particolari
Timida, schiva, perfezionista e maniaca del suo lavoro

Soprannomi
Lady Ella, First Lady of Song, Mama Jazz

Le sue canzoni più famose
Summertime, Someone to Watch Over Me, Night and Day, I Get a Kick Out of You

Curiosità
Si racconta che la sua cara amica Marilyn Monroe abbia chiamato personalmente il proprietario del Mocambo, famoso nightclub di Hollywood, promettendogli che sarebbe stata lì ogni sera se lui avesse permesso a Ella

Fitzgerald di esibirsi. E così Lady Ella fu la prima cantante nera a salire sul quel palcoscenico.

Tutti i suoi concerti terminano con una versione da brivido di *Summertime*.

Il giorno del funerale di sua sorella Frances, figlia della madre e del suo compagno Joseph De Silva, sembra che Ella in ventiquattr'ore sia volata dalla Francia agli States per andare al funerale e poi sia tornata immediatamente a Nizza per il concerto in programma la sera stessa.

La sua vita è diventato un musical: si chiama *Ella* e ripropone tutti i pezzi più celebri della sua carriera

Frasi celebri
Non sono mai stata bella e non è facile per me stare in piedi sul palco davanti a tutta quella gente. Un tempo ne soffrivo, poi ho capito che Dio mi ha dato la voce e la devo usare e allora io canto.

In Italia mi chiamano "Mama Jazz". Mi piace molto, basta che non mi chiamino "Nonna Jazz"!

Non conta da dove vieni ma dove stai andando.

Nella vita bisogna sempre provare a fare quello che si vuole fare veramente. Quando ci sono amore e ispirazione non si può sbagliare.

George Gerswhin

Brooklyn, 26 settembre 1898
Hollywood, 11 luglio 1937

Secondo di quattro figli di una coppia di ebrei russi immigrati negli Stati Uniti, George Gerswhin dimostra fin da piccolo di avere un grande orecchio per la musica, come del resto anche i suoi fratelli Arthur, Ira e Francis.

A dodici anni inizia a studiare pianoforte e a quindici lascia la scuola per lavorare come "song plugger" in un negozio di dischi. Il suo compito è quello di suonare dal vivo alcuni brani dei dischi in vendita nel negozio, in modo che il pubblico possa ascoltare in anteprima la musica e scegliere cosa acquistare.

Nel frattempo continua a studiare pianoforte e inizia a comporre. A diciotto anni con *When You Want 'Em You Can't Get 'Em*, la sua prima canzone pubblicata, attira l'attenzione dei compositori di Broadway e nel 1919 con *Swanee*, arriva il successo. Insieme al fratello Ira, autore dei testi, scrive più di trenta musical teatrali, una quindicina di opere classiche, sette musical per il cinema per un totale di oltre settecento canzoni diventate simbolo della cultura musicale americana. Fra i loro maggiori successi *Rhapsody in Blue*, composta in sole tre settimane e scelta da Woody Allen come colonna sonora di *Manhattan*, *An American in Paris*, scritta durante il periodo in cui vivono in Europa e *Porgy and Bess*, melodramma folk che contiene alcune delle sue arie più famose, fra cui anche la celeberrima *Summertime*. Nel 1937, a soli 39 anni, George muore improvvisamente a causa di un tumore al cervello. Si trovava a Hollywood, sul set del film *Follie di Hollywood* e pochi mesi dopo scompare anche il suo idolo e modello Maurice Ravel.

Oggi la sua musica è suonata in ogni angolo del mondo tanto che la Columbia University nel centenario della sua nascita gli ha assegnato il Premio Pulitzer per la sua opera.

Segni particolari
Il suo vero nome era Jacob Gershowitz

Le sue canzoni più famose
Rhapsody in Blue, An American in Paris, Concerto in F, Porgy and Bess, Three Preludes

Curiosità
È il primo compositore a vincere il premio Pulitzer con un musical: *Of Thee I Sing*.

GEORGE GERSWHIN

Insieme al fratello riceve una nomination all'Oscar con la canzone *They Can't Take That Away from Me*, tratta dal musical *Shall We Dance?*.

Secondo quanto pubblicato sul "Guardian", George Gerswhin è il compositore più ricco di tutti i tempi.

Frasi celebri
La vera musica deve rispecchiare il pensiero e l'ispirazione della gente e dei tempi. La mia gente sono gli Americani e il mio tempo è oggi.

La vita spesso è come il jazz: molto meglio quando si improvvisa...

Il compositore non è uno che sta fermo ad aspettare l'ispirazione, ma è una persona che unisce quello che ha imparato studiando con le sue emozioni.

Il jazz è nel sangue del popolo americano più di qualunque altro stile musicale.

Billie Holiday

Philadelphia (Pennsylvania), 7 aprile 1915
New York, 17 luglio 1959

È un'infanzia travagliata e difficile quella della piccola Eleanora Fagan, futura Billie Holiday. Nata "per caso" in seguito a una notte d'amore fra il musicista sedicenne Clarence Holiday e la coetanea Sadie Fagan, ballerina di fila, la bambina non viene riconosciuta dal padre che ben presto abbandona lei e la madre per suonare in giro per il mondo. «Non ho mai giocato con le bambole come gli altri bambini, ho iniziato a lavorare a sei anni» racconta Billie, e si dice sia stata costretta a prostituirsi ancora minorenne per dare una mano all'economia familiare.

Cresciuta a Baltimora e trasferitasi a New York con la madre, Eleanora cerca lavoro come ballerina.

Non sa ballare ma la voce non le manca e in verità debutta a quindici anni come cantante in un anonimo nightclub di New York e proprio in questo periodo sceglie il nome d'arte Billie Holiday: Billie come la bellissima attrice Billie Dove "the american beauty" e Holiday come suo padre, che non le aveva voluto dare il suo cognome.

Non studia musica, non conosce le tecniche vocali e non sa leggere gli spartiti musicali, ma nonostante questo la sua voce è magica, intensa, vibrante e in breve tempo è molto richiesta in tutti i locali della East Coast. L'incontro che le cambia la vita è quello con John Hammond, un musicista molto introdotto nell'ambiente che le fa registrare i primi pezzi accompagnata dall'orchestra del grande clarinettista Benny Goodman. Billie ha diciotto anni e sempre nello stesso periodo viene presa per una piccola parte nel film di Duke Ellington *Symphony in Black*.

Dal 1935 in poi le cose cambiano: è molto richiesta e incide dischi su dischi con grandi orchestre come quella di Lester Young, Artie Shaw e di Count Basie. Si batte contro la segregazione razziale ed è una delle prime donne nere a cantare in una "white orchestra", un'orchestra formata da bianchi.

Nel 1939 le propongono di interpretare *Strange Fruit*, un inno contro il razzismo, la storia del corpo di un nero ucciso dai bianchi e appeso a un albero, uno strano frutto, appunto. La Columbia Records non vuole appoggiare il progetto, ma Billie lo porta avanti grazie alla collaborazione di un'altra casa discografica, la Commodore.

È una donna sofferente e sola, Billie Holiday e a causa

della sua fragilità emotiva, a un certo punto della sua vita inizia a fare uso di eroina. La droga distrugge anche la sua voce e la porta al declino a un'età in cui aveva ancora tutta la vita davanti.

Nel 1959 subisce un grave attacco di epatite, il suo cuore ne risente e il 17 luglio, a soli 44 anni, muore. Aveva appena inciso il suo ultimo album.

Segni particolari
Cantava sempre con una gardenia bianca nei capelli.

Soprannomi
Lady Day

Le sue canzoni più famose
God Bless the Child, Easy Living, I Loves You Porgy e *The Man I Love, Billie's Blues, Fine and Mellow* e *Strange Fruit*

Curiosità
Nel 1946 recita nel film *New Orleans* con Louis Armstrong.

Nel 1956 scrive la sua autobiografia *La signora canta il blues*, da cui nel 1973 viene tratto un film con Diana Ross.

Gli U2 le dedicano la meravigliosa canzone *Angel of Harlem*.

Frasi celebri

I giovani mi domandano sempre da dove viene il mio stile, come si è formato e tutto il resto. E io cosa posso dire? Se scopri un pezzo che ha qualcosa a che fare con te, non devi costruirci niente. Semplicemente ti emoziona e quando lo canti anche chi ascolta proverà qualcosa.

Non ci sono due persone uguali in tutto il mondo. E per la musica è la stessa cosa, altrimenti non è musica.

Non si può copiare gli altri e nello stesso tempo pretendere di arrivare a qualcosa. Se copi gli altri spesso è perché il tuo lavoro non è sincero e se è così nessuna delle cose che fai avrà realmente valore.

Etta James

Los Angeles, 25 gennaio 1938

Jamesetta Hawkins nasce da madre afro-americana e padre bianco. Ha una propensione naturale per il canto e viene sin da piccola considerata una specie di bambina prodigio della musica gospel: a cinque anni entra a far parte del coro della chiesa battista di Los Angeles, a dodici si trasferisce con la madre a San Francisco dove, insieme a due coetanee e con l'aiuto del famoso musicista Johnny Otis, crea un trio vocale di grande successo: The Creolettes.

Le ragazze incidono nel 1954 il loro primo singolo *Roll With Me Henry*, eseguito dalla band di Otis con Richard Berry alla voce e da quel momento in poi le cose cominciano a muoversi piuttosto velocemente: Jamesetta sceglie il nome d'arte Etta James (James Etta = Etta James) e The Creolettes diventano The Peaches.

Il loro singolo passa in radio e nel 1955 raggiunge, seppur con il nuovo titolo *The Wallflower*, la prima posizione nelle classifiche R&B americane. Nonostante il debutto, molto buono per un gruppo di ragazze ancora così giovani, prima che Etta raggiunga il successo vero passa ancora qualche anno: il gruppo si scioglie, lei continua a cantare ma è nel 1960, quando cambia casa discografica passando alla Chess Records di Chicago, che arriva la svolta. Infatti è Leonard Chess, il suo nuovo produttore discografico, a fare di lei una star.

Alla improvvisa notorietà seguono momenti difficili, tossicodipendenza e problemi di salute che Etta si trascina dietro per molti anni e che la portano a ingrassare moltissimo. Tutto questo non le impedisce di continuare a cantare e di registrare, dagli esordi a oggi, quasi cinquanta dischi e centinaia di canzoni.

Negli ultimi anni, pur non essendo più una ragazzina e con addosso qualche chilo di troppo, Etta continua a essere invitata ai festival musicali di tutto il mondo e a spaziare con i suoi capolavori dal soul al blues, dal jazz all'R&B, di cui è ancora la regina. Nel 2001 è entrata a far parte della Blues Hall of Fame e nel 2003 ha ricevuto il Grammy Lifetime Achievement Award.

Segni particolari
Artista poliedrica, nel corso della sua vita interpreta generi diversi.

Soprannomi
Miss Peaches

Le sue canzoni più famose
At Last, I'd Rather Go Blind, Tell Mama, A Sunday Kind of Love, Trust in Me

Curiosità
Nel 2004 "Rolling Stone" la pone nella 62esima posizione fra i cento artisti più grandi di tutti i tempi.

I primi anni della sua carriera alla casa discografica Chess di Chicago sono raccontati nel film *Cadillac Records*, uscito nel 2008. Il suo personaggio è interpretato dalla cantante Beyoncé.

In cinquant'anni di carriera vince quattro Grammy Awards e diciassette Blues Music Awards.

Frasi celebri
Non puoi prendere in giro il blues nemmeno se sei un grande cantante o un grande musicista. Tutto sta in come ti connetti con queste canzoni e con la storia che si portano dietro. Io sono orgogliosa di essere parte di questa tradizione.

Quando canto succede qualcosa di strano dentro di me: è come se fossi lontana, in un altro posto e in un altro tempo e solo così riuscissi a entrare in contatto con me stessa, a dimenticare i miei problemi e a essere felice.

Quello che voglio è mostrare al mondo che gospel, country, blues, R&B, jazz e rock 'n' roll sono la stessa cosa: musi-

ca nata negli Stati Uniti, parte della stessa cultura, quella americana.

Mia madre mi ha sempre detto che anche se canti la stessa canzone mille volte, ogni volta puoi metterci dentro qualcosa di tuo, qualcosa di nuovo. È questo che ho sempre cercato di fare.

Frank Sinatra

Hoboken (New Jersey), 12 dicembre 1915
Los Angeles, 14 maggio 1998

Figlio unico di una coppia di italiani (siciliano lui e ligure lei) emigrati negli Stati Uniti, Frank Sinatra è stato una vera e propria leggenda vivente. Sin da giovane sogna di sfondare nel magico mondo dello showbiz e di seguire le orme del cantante e attore Bing Crosby, il suo idolo.

Per anni si mantiene cantando nei nightclub del New Jersey e a meno di vent'anni vince insieme alla sua prima band, gli Hoboken Four, un concorso per giovani talenti emergenti. È il 1939 quando il nostro Frankie Boy entra in studio di registrazione per incidere insieme al musicista Harry James le sue prime canzoni: *From the Bottom of My Heart* e *Melancholy Mood*. Poco dopo è la volta di *All or Nothing at All*, che vende soltanto ottomila copie e non vede nemmeno il suo nome sull'etichetta.

Nel 1940 entra a far parte dell'orchestra del trombettista Tommy Dorsey ma il successo vero arriva negli anni Quaranta grazie al contratto con la Columbia Records e all'LP *The Voice* registrato nel 1948.

In circa sessant'anni di carriera, Frank Sinatra incide più di centocinquanta dischi per un totale di circa duemiladuecento canzoni, un record assoluto. Ma la musica non gli basta e nel corso degli anni conquista un posto di tutto rispetto, con più di sessanta film al suo attivo, anche nella storia di Hollywood: nel 1953 vince l'Oscar come attore non protagonista in *Da qui all'eternità*. Sembra proprio che niente possa fermarlo: ha carisma, talento e due bellissimi occhi azzurri, fa impazzire il pubblico americano e di tutto il mondo.

Le donne lo amano e la sua vita sentimentale è un groviglio di mogli e amanti, donne sempre bellissime e spesso anche molto famose.

Si sposa ben quattro volte: con Nancy Barbato (l'unica che gli darà dei figli), Ava Gardner, Mia Farrow e Barbara Blakely Marx, che gli starà vicino fino alla fine dei suoi giorni. Per tutta la vita tiene concerti in ogni angolo del mondo, l'ultimo dei quali in Giappone il 20 dicembre 1994. L'America lo ama e glielo dimostra anche la notte del suo ottantesimo compleanno facendo illuminare di azzurro, in omaggio al colore dei suoi occhi, l'Empire State Building. Accade di nuovo nel giorno della sua morte, il 14 maggio 1998.

FRANK SINATRA

Segni particolari
Grande fumatore e grande bevitore di whisky. Due dolcissimi occhi azzurri.

Soprannomi
Passato alla storia come The Voice, lo chiamavano anche Blue Eyes e Swoonatra (dal verbo *to swoon*, che significa "svenire").

Le sue canzoni più famose
Come Fly With Me, Come Rain or Come Shine, For Once in My Life, Let it Snow, Moon River, My Way, New York, New Nork, Someone to Watch Over Me, The Best Is Yet to Come, Fly Me to the Moon, Strangers in the Night

Curiosità
Sembra abbia venduto circa 600.000.000 di dischi in tutto il mondo.

È stato molto attivo nella lotta alla segregazione razziale, difendendo sempre il suo amico di colore e collega Sammy Davis Jr.

Nel 1992 insulta pubblicamente la collega cantante Sinead O'Connor, che durante un'esibizione aveva rifiutato di cantare l'inno americano e aveva strappato in diretta TV una foto del papa.

IO CANTO DA SOLA

Frasi celebri
Qualunque cosa dicano su di me non è importante. Quando canto io sono sincero.

Magari non conosci le persone che vivono da un'altra parte nel mondo rispetto a te, ma li devi amare comunque. Perché hanno i tuoi stessi sogni, le tue stesse speranze e le tue stesse paure. Il mondo è uno solo e loro sono i tuoi vicini di casa.

Dicono che io conosco le donne. La verità è che, come gli altri uomini, ne sono affascinato, le amo, le ammiro, ma... di certo non riesco a capirle.

L'unica cosa che conta nella vita è non avere mai paura di niente e di nessuno.

Dinah Washington

Tuscaloosa (Alabama), 29 agosto 1924
Detroit, 14 dicembre 1963

Nata in una piccola cittadina dell'Alabama, Ruth Jones a tre anni trasloca a Chicago con la madre, che accompagna con il piano il coro gospel della chiesa di St. Luke, trasmettendo alla figlia non solo l'amore per questo genere musicale ma anche l'arte del pianoforte, che Ruth porta avanti suonando con il coro gospel femminile di Sallie Martin.

A soli diciotto anni, dopo aver scelto il nome d'arte Dinah Washington, debutta come cantante in un locale di Chicago, il Garrick Stage Bar e, anche grazie al suo manager Joe Glaser, viene presa come vocalist nell'orchestra di Lionel Hampton.

Il suo primo contratto con una casa discografica è del 1943 ma è nel 1948, quando passa alla prestigiosa Mercury Records con cui resterà per quasi quindici anni, che arriva il successo. Incide album di musica pop, jazz, blues, country, ma mai di gospel. Il gospel è sacro, dice, e non va mischiato con il business.

Se la sua carriera sembra andare a gonfie vele, non si può dire la stessa cosa della sfera personale: ha un carattere infernale, lavorare con lei è un problema. Il pubblico la adora, ma i colleghi no e nemmeno i critici.

Nel 1961 si chiude il contratto con la Mercury e Dinah decide di prendersi un periodo di riflessione, in attesa di tornare sulle scene più in forma che mai. Ormai è una star ma la sua vita privata non le dà tregua: ha un carattere difficile e volitivo, cambia in continuazione uomini e a soli 37 anni si è già sposata sette volte e ha avuto molti amanti. È nervosa, lunatica, fa uso di barbiturici e comincia a ingrassare a dismisura.

Pochi mesi prima di tornare sulla scena, nel dicembre del 1963, una mattina viene trovata morta, stroncata, secondo l'autopsia, da una miscela letale di pillole dietetiche e alcol. È una morte triste quella di Miss D, una delle più grandi voci nere di tutti i tempi.

Segni particolari
Una voce inconfondibile, una donna impossibile

Soprannomi
Queen of the Blues, Miss D

Le sue canzoni più famose
What a Difference a Day Makes, Mad About The Boy, Trouble

in Mind, You Don't Know What Love Is, September In The Rain

Curiosità
Con *What a Difference a Day Makes* del 1959 vince un Grammy Award per la migliore performance R&B e raggiunge l'ottava posizione nella classifica Hot 100 di Billboard.

È alla 48esima posizione nella classifica delle cento *Greatest Women of Rock'n'Roll*.

Ha avuto sette mariti ma solo due figli: George e Robert (Bobby).

Frasi celebri
Esiste un solo paradiso, una sola terra e un'unica regina. Quella regina sono io. La regina Elisabetta è un impostore.

Il mio nome è Jessica Brando
Più o meno... ;)

Mi piace l'odore dei libri, li annuserei tutto il giorno! Questa è la mia top ten!

Il ritratto di Dorian Gray (Oscar Wilde) *perché è misterioso, inspiegabile, e irreale... ma alla fine fa riflettere.*

Stardust (Neil Gaiman) *perché è proprio vero che quando si è innamorati si è disposti a fare grandi follie.*

Domeniche da Tiffany (James Patterson e Gabrielle Charbonnet) *per le atmosfere romantiche!*

Wicked Lovely (Melissa Marr) *forse perché credo nelle fate...*

Cime tempestose (Emily Brontë) *perché è avvincente e inquietante. L'ho letto quando avevo nove anni!*

Un'inquietante simmetria (Audrey Niffenegger) *eh eh, perché non credo solo nelle fate, ma anche ai fantasmi!*

Twilight Saga (Stephenie Meyer) *perché non c'è un perché, va letto e basta, e divorato!*

L'ombra del vento (Carlos Ruiz Zafón) *perché c'è tutto quello che si può desiderare in un bel libro.*

Orgoglio e pregiudizio (Jane Austin) *per l'ambientazione, l'ironia e la passione della storia d'amore.*

Oliver Twist (Charles Dickens) *per la critica sociale e l'umorismo dissacrante.*

Mi piace collezionare profumi, ho una collezione preziosissima. Andare al cinema e, mentre proiettano il film, girarmi per guardare le facce e le espressioni delle persone. Mi piace il Giappone, per l'atmsofera filosofica, misteriosa e introspettiva che lo circonda.

Mi piacciono le crepes alla Nutella, guardare la luna e lasciarmi ipnotizzare. Mi piacciono le personi folli perché con loro mi sento in famiglia e mi piace parlare inglese perché può trasformare una parola in musica.

Okay, mi piace anche correre sulla spiaggia, come nei film americani, però mi piace l'Egitto, la mia patria nella mia vita precedente. Scrivere disordinatamente i miei pensieri.

Mi piace leggere l'oroscopo.

Mi piacciono i film di animazione. E questa è la mia top ten:

1 *Pocahontas*
2 *Nightmare Before Christmas*
3 *La Sirenetta*
4 *Hercules*
5 *Anastasia*
6 *La bella addormentata nel bosco*
7 *Mulan*
8 *La Bella e la Bestia*
9 *Il Re Leone*
10 *Tarzan*

Mi piace la pioggia, rispecchia il mio lato malinconico. Mi piace studiare il linguaggio dei geroglifici, mi fa sentire come un'avventurosa archeologa. Mi piacciono i Manga e gli Anime, perché mi immedesimo nei personaggi. Mi piacciono le sigle dei film di animazione, e anche per quelle ho la mia classifica. ;)

1 *The Prayer (Alla ricerca di Camelot)*
2 *Re del blu re del mai (Nightmare Before Christmas)*
3 *If I Never Knew You (Pocahontas)*
4 *A Whole New World (Aladdin & Jasmin)*
5 *Quando viene dicembre (Anastasia)*
6 *Reflection (Mulan)*

7   Part of Your World *(La Sirenetta)*
8   Dopo il fiume cosa c'è *(Pocahontas)*
9   Posso farcela *(Hercules)*
10 Ancor di più *(La bella addormentata nel bosco)*

Non mi piace mangiare davanti alle persone, mi mette in soggezione. Non mi piace la gente appiccicosa, sono un animale solitario. Non mi piacciono i lucchetti sul ponte Milvio e non mi piace ballare alle feste.
Non mi piace la dittatura, superfluo spiegare il perché, e non mi piacciono le persone che parlano al cinema, perché non seguite il film?!

Non mi piace prendere il sole, proprio non ce la faccio, e non mi piacciono le sigarette, preferisco vivere. Non mi piace l'arredamento vecchio che cerca di passare per antico e non mi piace il colore rosa. La ricotta è troppo papposa, le borse sono scomode e inutili, meglio le tasche, non mi piace non riuscire a capire l'assassino nei thriller, e non mi piace le gente che mi fissa.

Nome: *Jessica Virginia*
Cognome: *Vitelli*
Nome d'arte: *Jessica Brando*
Segni particolari: *cicatrice sul lobo sinistro*
Città natale: *Grosseto, Toscana*
Città in cui vorrei vivere: *La mia!* :)
Segno zodiacale: *Sagittario ascendente Leone*
Il tratto principale del mio carattere: *la determinazione*
Il mio peggior difetto: la *timidezza*
Materia scolastica preferita: *Greco e Letteratura Italiana*
Squadra del cuore: *Juve*
Colori preferiti: *celeste e viola*
Piatti preferiti: *risotto ai funghi e Sofficini Findus al formaggio!*
Fiore preferito:
- da piccola: *Violetta, Passiflora, Stella alpina.*
- ora: *Fior Di Loto, Rosa, Tulipano. Non so mai decidermi! Adoro troppo i fiori!*
Cantanti preferiti: *Frank Sinatra e Andrea Bocelli*
Pietre preferite: *Ametista, Acquamarina, Lapislazzuli*
Il dono di natura che vorrei avere: *un'intuizione più immediata*
In un amico apprezzo prima di tutto: *la sincerità*
Libri preferiti di sempre: *Il ritratto di Dorian Gray, Stardust*
L'incontro che mi ha cambiato la vita: *in verità sono due: Kledi e Andrea Pistilli*
Il giorno più felice della mia vita: *l'incontro con Andrea Bocelli*

E il più infelice: *è un segreto!*
La mia più grande paura: *sembrerà stupido, ma io ho paura... di provare paura!*
Film cult: *West Side Story, Un Americano a Parigi, Il fantasma dell'Opera*
La canzone che canto più spesso sotto la doccia: *Colonne sonore della Walt Disney!*
Autore preferito in prosa: *Oscar Wilde*
Poeti preferiti: *Giacomo Leopardi, Charles Baudelaire*
Pittori preferiti: *Caspar David Friedrich, Van Gogh, Lorrain*
Animale preferito: *Tigre del Bengala*
Nel mio fisico vorrei cambiare: *il colore e il taglio degli occhi (mi piacciono verdi) e i miei capelli... li vorrei ROSSI! *_**
Se potessi vorrei reincarnarmi in: *una NUVOLA, così potrei viaggiare per il cielo cullata dal vento, visitando tutto il pianeta. :)*
Progetti per il futuro: *laurearmi in medicina ad Harvard e diventare una ricercatrice scientifica bravissima e famosissima.*
Il mio sogno di felicità: *un mio concerto (tributo a Gershwin) al Madison Square Garden. Che modeeestia, eh? XD*
Stato d'animo attuale: *Euforica. Iperventilazione...*
Il mio motto: *Impegno e disciplina!*

E nel cuore ho una poesia, scritta da un grande poeta maremmano che era anche il mio zio preferito e che ora non c'è più. Ciao, zio!

IL MIO NOME È JESSICA BRANDO - PIÙ O MENO... ;)

A Jessica

Di un attimo di gioia sei sorriso,
Sogno che mai si spegne all'aurora,
Immagine tu sei di Paradiso,
Sei sospiro che lo sterno accora,
La dolcezza noto sul tuo viso,
Un raggio di Sol par che lo indora,
Se la bontà è pari alla bellezza
Vicino a te il viver è una carezza,
Sei purità di cielo trasparente,
All'occhio porti cara lo stupore
Da far dire al labbro: sei un Amore!

Elbo Lori

Dicono di me

"Ho potuto seguire pochissimo Sanremo, ma ho ascoltato Jessica Brando e mi è piaciuta molto. La ragazzina toscana è brava, canta bene e fa trasparire una grande sensibilità dalla sua interpretazione."

Andrea Bocelli

"Ho conosciuto Jessica in Sardegna nel 2006, durante una serata. Per uno strano caso della vita ci siamo ritrovati al Festival di Sanremo. Mi ha colpito quanto sia cresciuta artisticamente in quattro anni, e il timbro della sua voce, così caldo, che le dà una forte identità a soli 16 anni…"

Valerio Scanu

"Ci sono cose che nessuno potrà mai insegnare a nessuno nella musica e lo capisci quando la una voce come la sua t'invita e ti dice: «Chiudi gli occhi e ascolta.» È così che vedi la sua anima."

Umberto Iervolino, produttore musicale

"La sua voce non somiglia a quella di nessun'altra cantante italiana… Jessica Brando è Jessica Brando."
La Repubblica

"È giovanissima, ma i suoi 15 anni possono bastarle per sfondare nel mondo della musica."
Il Venerdì

"La terza via al successo teen: no talent show, no Disney."
Corriere della Sera

"Per qualcuno è la nuova Norah Jones. Di certo Jessica merita la media dell'otto."
Grazia

"Una voce fantastica capace di passare dal jazz al rock."
L'Avvenire

"L'emittente ha creduto subito nel talento di questa giovane star e l'ha fatta conoscere ai suoi ascoltatori, riconoscendo in lei la stoffa della cantante di classe."
Radio Montecarlo

"Piccole stelle crescono. Si ritrova nella top 100 senza che la sua casa discografica abbia ancora mosso un dito!"
L'Espresso

"La principessa del soul made in Italy."
Beat

Ringraziamenti... anche se l'editore mi ha detto che sono troppi! :)

Ringrazio la mia famiglia: mia madre Francesca e mia nonna Anna (la mia vita), mio padre Primo (il mio vero e insostituibile babbo), i miei fratellini Filippo ed Eva (meravigliosamente belli!), Veronica (la mia metà), mio nonno Donato (il mio primo Fidanzato), i miei nonni Franco ed Elda (i nonni più simpatici del mondo), Flavia Ferrarese.

Poi: Marlon Brando (l'altro mio padre, eh eh eh), tutti gli zii e cugini: zio Antonio (facciamo un dispetto a nonna: scappiamo in moto!), zia Silvia e Lorenzo, zia Luana, zia Michela e Martina, zia Maria, zia Lia (la mia Fata), zio Paolo, zio Guido e zia Bruna, zio Federico ed Edoardo, zia Eleonora, Donato, Laura e Sofia; zio Mario e zia Rosetta (il mio ufficio stampa di Caserta), zio Antonio e Susanna, Morgan, Mario e Ruben, zia Susanna e Rino, Emanuele e Ludovica, zio Vincent Jr. e Jeff (zio premuroso!), zia Annamaria, zio Tony, zio Leonardo e Violetta, zio Enzo e zia Maria (zio magnifico!), zio Francesco, Elisa, Vincenzo e PierGiuseppe, zia Lucrezia e Luigi, zia Sisina e zio Fano, zia Pina, zia Anna, zio Alfonso, Ilaria e Federica, zio Lino, Anna, Marco e Nastasia, zia Patrizia, Piero e Giuseppe, zio Giovanni e zia Carolina, zio Francesco, Anna, Carolina e Francesca, zia Lucrezia, Giuseppe, Rosa e Carolina, zio Elio, zia Sara, zia Marika, Antonio, Erika e Giuseppe, zia Franca e zia Fabiola, zia Maria Vitelli, zio Guido, zia Adele e zia Tiziana, zia Franca e Annamaria e zio Uccio Marzo, Francesco e Mino Scarciglia.

Poi: Padre Luca Zecchetto (una persona speciale per me), Le Matite Colorate, Nennolina, Cristina Pistilli, Gabriele, Massimino e Matt, Avvocato Pierluigi De Palma (avvocato temerario e invincibile), Andrea Fabbreschi e Ada Mazzieri, Beppe, Fabiana, Matteo e Chiara Ambrosio, Maria Antonietta, Vinicio, Nantas e Juri Nardelli, Beatrice Giannetti e Linda Lolli (mia zia e mia sorella <3), "Nonno" Angelo Franci, Rita Galgani e Maurizio Morrone, Riccardo Ronzini, Monica Tizzi e Fior Di Lillà, I fratelli Galletti!, le sorelle Massai, la famiglia Conte, Avvocato Andrea De Cesaris,

Avvocato Claudio Bigazzi, Studio Commercialista Paolo Prisciandaro (Ciao zioooo), parrucchiera Gabriella Materazzi, Giulio, Marco e Giulia Goffo, (la parrucchiera più brava del mondo!), estetista Liliana Tuccio, estetista Anita, Padre Lamberto e la Parrocchia di Santa Lucia, Luciana Tosti Argia, Carlo Sestini (mitico!), Giuseppe Licciardi, Riccardo, Tatiana e Sofia Vicari, nonna Maria Molinari, Beatrice Poli, Giulia C., Giulia T. e Micol, Rosalba Cartaginese.

I vicini di casa: Famiglia Plomitallo, Famiglia D'Amore, Famiglia Camboni, Famiglia D'Oriano, Famiglia Di Maio... Tutti gentilissimi a non essersi mai arrabbiati per il volume alto della mia musica e lo strimpellio del pianoforte!

Poi: Lucia Presenti, Anna Ginanneschi (quanta pazienza che hai con me! Ti voglio bene!), Sabrina Savelli, Paola Mariotti, Antonio Di Cristofano, Marinella Santini, Angela Scrilli (magari avessi il tuo collo del piede!), Sarah Lewis (riuscirai a farmi diventare come Ginger Rogers?), Mimmo Saracino, Arturo Giordano («Io non cerco di ballare meglio di qualcun altro, cerco solo di ballare meglio di me stesso.» M. Barishnikov), Fulvio Tomaino, Lucia Golini, Federico Corridori (Mr. Simpatia!), i ragazzi della Little Big Band, Roberto Mannucci, Simona Lippi, Andrea Flaminio, Denis Cacciarru, Alessio Bucella.

Tutti i miei fan della Pam, in particolare: Silvia Cacciabaudo e Maremma News (la mia zia Pippo), Rosa D'urso, Anna Antoni (un bacio a Billy!), Massimo Colucci, Iliano Ripaccioli, Katiuscia Cittadini, Franca Corridori, Daniela Mazzi, Sabrina Tarquini, Sonia Grechi, Alberto Leoni, Riccardo Randone, Roberto Volpi, Michele Guazzini, Claudia Caridi.

Daniele Di Paola (semplicemente Ti Adoro!)

I miei insegnanti delle elementari: Maestra Guerra, Maestra Santarelli, Maestra Guidi, Maestra Bertarelli.
    I miei insegnanti delle medie: prof. Baffigo, prof. Mencagli, prof. Crialesi, prof. Bartolini, prof. Dettori, prof. Marini, prof. Orsi, prof. Lazzeri, prof. Biagioni, prof. Corridori, prof. Arimini.

Liceo Classico Chelli: Preside Pecciarini, prof. Di Marco (è grazie a insegnanti stupendi come loro che gli studenti amano studiare!), prof. Rizzo Pinna (è grazie ad insegnanti stupendi come loro che gli studenti amano studiare!), prof. Pellecchia, prof. Fumanti, prof. Fastelli, prof. Biondo, prof. Picchierai, prof. Cartocci, prof. Mosetti, prof. Merelli, Stefano.

La mia classe: Linda Lolli, Valerio Antichi, Clarissa De Rubeis, Claudia Nuzzo, Rachele Orlandi, Edoardo Spinatelli, Andrea Guicciardini, Lara Fabbri, Pierluca Toppi, Camilla Lo Schiavo, Chiara Zella, Benedetta Gori, Valentina Biagioni, Giuseppe Sudano, Flaminia Ciabatti, Carolina Ciabatti, Rebecca Macchione, Victoria Vivarelli Colonna, Guglielmo Maggi.

Poi: Giovanni Lenzi, Francesco Bellardinelli, Franco Fussi, Nicola Pierossi, Studio Roberto Giorgetti, Studio Roberto Chiezzi. Alessandro Rimini (il mio scienziato pazzo), Enrico De Caro, Barbara D'ulivo, Michela Bazzari, Carlo Acleo Daniela Brughitta, Guglielmo Pistarino.

La palestra FitnessZone di Porto Santo Stefano, il sindaco del Comune di Monte Argentario: Arturo Cerulli, l'assessore Fabrizio Arienti, Pro Loco Renato Tulino, e tutti i cittadini di Porto Santo Stefano.

Tutti i ragazzi della EMI, in particolare: Marco Alboni (un bacio a Sofia), Enrico Romano (un bacio a Camilla), Gabriele Minelli, Paolo Romani =), Nico Ambrosini, Mario Sala, Lucio Schirripa, Gabriel Mompiello, Marco Monfermoso, Donato Brienza, Alfredo Cappello, Myriam Fabiano, Giorgia Aldi, Federico Spoltore, Pietro Paravella, Billy Mann.

Poi: Viviana Hernandez, Valentina Ducros (la Voce che avrei voluto avere), Luca Velletri, Nadia Natali, Claudio Insegno (strepitoso), Pino Leone, Patrizio Antonelli, Fabio Giorgi, Veronica Peparini, Fabrizio Prolli, Giuliano Peparini, Maria Lia Falcone, Vittorio Padula, Emanuele Battista, Katia Nannavecchia, Alessandra Barilari, Diana Florindi, Fabrizio Mainini, Raffaele Paganini, Angelo Monaco, Ludmill Cakalli, Silvia Fazzi, Stefano Bertelli, Niccolò Cerioni, Maura Cocco, Alessandra Tisato, Rolando Elisei, Antonio Quattromani, Stefano Gabbana e Domenico Dolce, Elisa Galli, Michela Longobardi, Shawnn Monteiro, Dario Rosciglione (indimenticabile), Paola Musa e Gabriele, Fabiana Rosciglione, Enrico Sollazzo, Matteo Pagano, Roberto Napoli, Pippo Baudo , Pippo Caruso, Piero Chiambretti, Alex Baroni (il mio angelo), Frank Sinatra, Rossana Casale, Tosca, Ron, Mariella Nava, Andrea Colella, Salvatore Mufale, Donato Sensini, Matteo Di Francesco, Gigi Vesigna, Radio Montecarlo, Hotel Paradiso, Marco Barusso, Marco D'Agostino, Flavio Ibba, Umberto Iervolino, (grande sensibilità. Ma… La GALLINA? Ahahah!), Ferdinando Arnò (ma allora quanti anni hai? AHAHAH), GianMarco Mazzi, Valerio Scanu, La Fame Di Camilla (amazing!), Valeria Rossi, Gli Amor Fou, Manuel Botrugno, Lella Lugli.

Riccardo Cartocci (*I'd like to make myself believe that planet Earth turns slowly*. Ti adoro! <3), Claudia Nuzzo (la mia orecchietta), Francesco Ross (la dimostrazione che i puffi esistono), Melissa Bagnoli, Eleonora Bardi, Sara Ronchini, Mattia Carpenito (<3<3<3), Yuri Naldi, Mirko Maccarucci, Alessandro Spalletti, Chiara Ambrosio, Valentina Antonaci, Alice Giacomelli, Agnese Giacomelli, Elisa Filippeschi, Laura Pettini, Irene Simoncini, Silvia Burzi, Valentina Spaghetti (ma insomma questo caffè!? Ti voglio bene!), Chiara Sadocchi, Valeria Borghese, Tommaso Conti, Emiliano D'Atri, Massimiliano Chelli, Maria Antonietta Miele, Samantha Panfili, Pamela Panfili, Chiara Boccone, Elena Vatore, Giulia Paris, Amanda Grotti, Alessandra Valenti, Simone De Nicola, Erind Smajli, Hubert Markiewicz, Alice Auricchio, Betty Salemme, Niccolò Grechi, Duccio Doni, Chiara Baroni, Maria Errante, Erland Musaj, Jacopo Reale, Federico Grasso, Irene Costantino, Pietro Angelini, Sandy Simonelli, Tommaso Martinelli, Ilaria Caricato, Chiara Caricato, Chiara Malfetti, Claudio Colacicco, Alfonso Luca Infante, Federico Granci, Valentina Antonaci.

Un ringraziamento speciale: Andrea Pistilli («Sei qui con me dove regna la musica, dove perdo per sempre memoria del mondo…» *The Phantom Of The Opera*. Ti voglio bene!), Kledi Kadiu (anche se sei lontano, il tuo carisma, la tua arte e la tua amicizia vivono in me e io ti sento accanto), Elbo Lori (mio Sommo Poeta, farai parte della mia vita per sempre), Veronica Berti (giovane regina dall'incedere elegante e gioioso!), Andrea Bocelli (la tua Voce incanta il mondo, ma io ti seguirò per sempre semplicemente per il tuo sorriso, così dolce e affascinante <3).

Indice

Io canto da sola

Time Is Running Out - Muse	9
Someone to Watch Over Me - Frank Sinatra	17
This Is It - Michael Jackson	23
My Way - Frank Sinatra	27
Let's Face the Music and Dance - Fred & Ginger	33
Summertime - George Gershwin	41
Overjoyed - Stevie Wonder	47
Welcome To My Life - Simple Plan	53
Dream a Little Dream of Me - Doris Day	59
Video Killed the Radio Star - The Buggles	65
Perhaps, Perhaps, Perhaps - Cake	71
Don't Stop Me Now - Queen	77
Dove non ci sono ore - Jessica Brando	81

Musica in pillole

Il jazz, ovvero troppe note	91

Il blues o i diavoli blu   95

Il soul, la musica dell'anima   99

Il musical: *Hair*, *Grease* e altre storie   103

Il rock, la rivolta che diventa moda   107

Per saperne di più su...

Marlon Brando   113

Ella Fitzgerald   117

George Gerswhin   121

Billie Holiday   125

Etta James   129

Frank Sinatra   133

Dinah Washington   137

Il mio nome è Jessica Brando - Più o meno... ;)   141

Dicono di me   149

Ringraziamenti   151